KB275376

신세대를 위한
발표와 토론

논리적인 사고력 함양의 비결

신세대를 위한

발표와 토론

전재강
윤천근
한경희

발표 기법을 익혀
토론까지 나아가는 과정

도서출판 박이정

말 잘하는 사람을 다들 부러워한다. 그런데 말 잘하는 사람은 태어날 때부터 잘 했을까 생각해보자. 아마도 아니라고 답할 것이다. 그렇다면 어떻게 잘하게 되었을까. 많은 연습이 뒤따라서 가능했을 것이다. 그럼 말하기 연습은 어떻게 해야 하는가를 묻게 된다. 상황과 장소에 따라 다양한 말하기가 있고 그에 맞는 예의를 갖추면 누구나 말 잘하는 사람이 될 수 있다. 우리는 자신을 잘 드러내는 것이 중요한 시대를 살아간다. 꼭, 정치인만이 말을 잘 할 필요가 있는 것은 아니다. 상대방을 잘 이해하고 배려하는 말 한 마디에 우리는 감동받는다. 자기중심적이고 이해타산적인 사람의 말에 우리는 상처를 받는다. 감동과 상처를 줄 수 있는 말을 잘 가려서 할 때 좋은 말을 할 수 있게 된다.

어떤 상황에서 말하는가에 따라 다양한 말하기의 방법이 있고 예의도 필요하다. 말은 곧 그 사람의 인격을 담아내기 때문에 말의 중요성은 늘 강조된다. 특히 대학생이 된 신입생의 경우 대학수업, 학교생활, 장래비전, 사회정치현실에 대한 관심 등에 따라 다양한 말하기 환경과 만나게 된다. 기능적인 말하기만을 익혀서는 곤란하고 자신의 진정성이 담기는 말하기를 배워야 한다. 우리가 배우게 되는 말하기 종류는 크게 발표와 토론으로 나눌 수 있다.

우선, 대학강의실에서 의사표현하는 대부분은 발표의 형식을 갖는다. 각 분야별 전공에 대한 지식을 배울 때, 지식의 교환이 강의실에서 이뤄지는 데 이때 발표형태의 말하기는 아주 중요하다. 수업 내용에 대해 어떤 식으로 말하는 것이 효과적일 것인가를 고민할 시간을 마주하게 될 것이다. 이때 발표의 다양한 방법을 알고 연습을 하게 되면 자연스럽게 익숙해질 수 있다.

앞으로 다가올 취업을 위한 면접에서는 아주 신중하고 정확한 자기표현을 해야 한다. 이것도 역시 자신의 관심분야를 중심으로 정보를 정리하고 연습해야 한다. 취업 면접은 다양한 말하기 방식이 있다. 토론까지 포함된 면접을 시행하는 곳이 많다.

다음으로 자신의 의사를 가장 적극적으로 표현하는 말하기인 토론이다. 상대와 의견이 완전히 다른 것을 인정하고 그 다름을 이해하고 또 타협하는 과정의 말하기는 쉽지 않다. 토론에 임하는 준비과정에서 정확한 정보는 매우 중요하다. 자신의 생각과 주장을 분명하게 뒷받침하는 역할을 해준다. 다양하고 종합적인 정보를 몰라서 말문이 막힌다면 상대방은 성의부족으로 판단하고 더 이상 대화를 하려고 하지 않을 수도 있다.

정보 준비가 마무리 되었다면 상대의 의견을 주의깊게 들어주는 일을 해야 한다. 의견이 다르더라도 정확한 정보에 대해 인정할 수 있고, 이러한 인정까지 끌어낼 수 있다면 타협의 가능성이 커진다. 자신의 의견만 주장하고 상대방을 인신공격하고 예의를 갖춰 경청하지 않는다면 토론의 효과는 없어지게 된다.

특히, 다양한 발표 기법을 익혀서 토론까지 나아가는 과정에서 논리적으로 자신을 표현하는 방법을 배우는 것이 중요하다. 누구든 대화를 통해 다양한 의견을 나누고 새로운 정보도 받아들이는 말하기 환경에서 좀 더 성숙한 말을 하기 위해서 우리는 어떤 주의를 기울여야 하는지 배우는 것이 좋다. 자신의 의견을 좀 더 효율적으로 전달하기 위한 다양한 말하기 방법을 배워서 자신을 잘 표현하고 원만한 사회생활을 하는데 보탬이 될 수 있어야 한다.

이 책은 발표와 토론의 방법과 함께 논리적인 말하기를 위한 논리적인 사고력을 함양의 비결이 담겨 있다.

이 책을 묶는데 성의를 다해 주신 박이정출판사 사장님과 멋진 책으로 편집해주신 이기남 과장님께 감사드린다.

2011. 2.

01

제 **1** 장

효과적인 말하기

1 말은 할수록 잘하게 된다

우리는 말하는 일에 익숙해서 의식하지 않고 말을 하면서 살아간다. 언어장애를 가진 특별한 경우를 제외하고 말하기에 불편을 느끼지 못하고 지낸다. 특히 개인적으로 친구와의 대화를 불편해하는 사람은 없다. 그런데 공식적인 자리에서 회의를 하거나 발표를 할 때 긴장하지 않을 사람은 없다. 평소 개인적인 인간관계에서는 말을 너무 잘 하면서 공식적인 자리에서 의사를 표현할 때 매우 힘들어한다. 이런 말하기 환경의 변화가 일어난 까닭은 공적인 환경에 알맞는 정보를 갖추는 일이 부담스럽기 때문이다. 말은 정보를 담고 있어서 정보의 성격에 따라 우리의 말하기가 갖는 비중은 달라진다. 공 · 사를 구분해서 말하는 데 불편함이 없을 때 말은 자유로워진다.

매일 만나는 친구와의 대화에는 중요한 정보가 담길 경우는 별로 없다. 친소에 따라 사소한 일상을 나누는 관계형성에서 말의 기능은 중요한 역할을 한다. 자신을 직접적으로 표현하는 말은 정서적인 차원에서 이뤄지므로 따로 지식을 저장하지 않아도 된다. 그런데 강의실에서 이뤄지는 수업의 발표와 토론에는 반드시 관련된 전공의 지식이 필요하다. 말 자체의 기능 못지않게 수업주제에 따른 정보가 필수적이다. 이때 우리가 불편해하는 것은 말하는 자체 행위일까, 아니면 수업내용에 담긴 지식에 대한 이해부족일까.

우리의 교육환경을 고려할 때 이 두 요소 모두 부담스럽다. 주입식 교육으로 의사표현이 익숙하지 않은 문제가 있으면서 수업에 필요한 주제를 찾아 정리하고 발표까지 해야 하는 일은 이중의 고민로 나타난다. 고교시절의 공부는 단순이해와 암기가 주를 이뤘으나 대학에서의 공부는 필요한 정보를 읽고 정리 요약하는 보고서작성으로 변화한다. 갑자기 많은 자료를 읽고 정리하고 자신의 생각을 표현하는 일이 쉬울 수 없다. 말하기 자체의 부담과 함께 낯선 공부의 방법에서 힘들어지게 된다. 이제 우리는 거의 하지 않았던 새로운 공부방법과 만나고 있다. 강의에 따른 자료를 자신의 관점에 따라 정리하고, 정리된 글을 발표하는 일에 직면했다. 어떻게 하면 말하기의 불편함과 대학공부의 낯선 세계와 친해질 수 있겠는가.

우선, 말하기 주제를 사적인 농담과 정을 나누는 수준에서 머물지 말고 나와 가족, 사회에 영향력을 미치는 다양한 사회문제로 확장하자. 나의 전공선택과 진로문제에서 과연 내가 선택할 수 있는 폭은 어디까지인가를 대화로 풀어보는 방법을 주문한다. 일생동안 무슨 일을 할 것인가를 고민해야 하는 시간에 이르렀다. 내가 처한 환경에 대한 평가는 나를 객관적으로 볼 때 가능해진다. 그리고 상대가 나를 보는 눈이 객관성을 담고 있다는 것을 감안한다면 나의 적성과 진로는 상대의 의견을 참고할 때 좀 더 구체화될 수 있는 힘을 얻는다.

말을 잘하는 비결은 말을 자주 하는 것이다. 공적인 자리에서 말한 경험이 없는 사람은 아무리 풍부한 상식을 소유하고 있어도 자연스럽게 말하기 어렵다. 처음에는 말이 잘 나오지 않고 무슨 말을 해야 할지 모르지만 좀 서툴더라도 몇 번씩 발성을 하고 쉼 호흡을 가다듬고 말을 하게 되면 자연스럽게 말할 수 있게 된다. 그 몇 번을 참을 수 있어야 한다. 각종 선거방송을 보면 대부분의 후보자들은 처음엔 카메라 앞에서 어색한 표정을 숨기지 못한다. 이렇듯 말은 거듭 반복해서 연습할 때 자연스럽게 할 수 있게 된다.

말을 멋지게 하기 위해 필요한 것은 내 말을 듣는 사람에 대한 배려이다. 말은 혼자만의 독백이 아니다. 언제나 자신의 말은 청자에게로 전달된다. 이때 언어예절이 없고 무례하게 말을 하면 아무리 좋은 말이라도 잘 전달되지 않는다. 입장을 바꿔 생각해보면 쉽게 납득이 간다. 이 세상에서 말을 번지르르하게 가장 잘 하는 사람은 사기꾼이다. 얼마나 말을 잘하면 사람들이 속아 넘어 가겠는가. 사기꾼에게는 말이 담아야 할 진실성이 없다. 사기를 당하는 사람은 없는 진실을 있다고 믿은 것이다. 상대를 배려하고 진실하게 말하지 않는 말은 상대방에게 상처를 주고 아픔을 주게 된다.

말이 담은 정보의 힘에 대해 생각해야 한다. 다른 말보다 정보의 양이 풍부하고 정확할 때 그 말을 신뢰할 수 있다. 우리가 이미 다 알고 있는 내용에 대해서 심각하게 말하는 사람이 있다면 귀 기울여 들어줄 사람은 없다. 한 마디 말에서 자신만의 독특한 개성과 힘을 발휘하기 위해서는 말 속에 필요한 내용을 담아야 한다. 지식의 축적은 독서를 통해 가능하다. 신문과 잡지, 전공서적, 교양과 상식을 담은 책에 이르기까지 필요한 정보는 모두 책을 통해 얻을 수 있다. 책 읽기를 겸비할 때 자신도 모르게 말 속에는 지성의 에너지가 흐르게 된다.

2 말에는 인격이 담긴다

　말을 할 때 반드시 필요한 것은 아니나 있으면 훨씬 빛나는 요소가 있다. 말을 멋지게 다듬는 매력이다. 우리가 음식을 먹을 때 솥이나 냄비 통째로 들고 먹지 않고 예쁜 그릇에 담아먹는 것과 같다. 음식의 종류에 따라 식기와 접시, 대접 등의 모양과 색상, 크기도 달라진다. 말 역시 어떻게 표현할 것인가가 중요하다. 말을 꾸미는 데 노력하기 보다는 말을 듣는 상대방의 입장을 고려할 때 배려하는 말을 할 수 있다. 상대방의 입장에서 생각하다보면 고운 말과 좋은 말을 하게 된다.

　자기주장만 강한 사람을 좋아하는 사람은 없다. 상대를 잘 배려할 때 부드러운 말을 하게 된다. 말을 통해 인격이 다듬어지므로 겸손하고 예의바르게 말하고자 노력할 때 멋진 인격을 소유한 사람이 되는 것이다. 말은 그 사람의 인격을 그대로 드러내는 거울이다. 화가 났을 때, 잘못했을 때, 겁이 날 때, 필요한 것을 누군가에 부탁해야 할 때, 사랑의 대화를 나눌 때 다양한 상황에 필요한 말을 해야 한다. 이럴 때 우리는 어떻게 말해서 내 의견을 상대에게 전달하고 이해를 구해야 할까. 그 다양한 방법을 관통하는 말하기를 할 줄 알아야 한다.

말하기, 듣기는 단순한 기술로 가능한 게 아니다. 수사학도 과거에 그렇게 오해받았다. 말하기, 듣기는 일반 교양교육의 본질을 감당하는 것이다. "말을 잘하는 기술을 배우는 건, 참된 인간이 되는 것을 배우는 것" 상대를 설득하자면, 자신은 전반적인 내용을 다 이해하고 있어야 하고 생각이 다른 상대도 이해할 때 설득할 심리가 만들어진다. 그러면 생각이 다르지만 이해할 수 있고 소통할 수 있는 관계가 형성되는 것이다. 발표를 통해서 비판적 사고력, 내용구성 능력, 언어 전달력의 향상이 이뤄질 수 있다. (장혜영, 『발표와 토의』)

의사소통의 과정

말하기를 잘 하기 위해서는 "말하기-듣기"를 함께 놓아야 한다.
말하기 : 만약 떨린다면 말하기 경험의 부족 때문이니 말을 해보면 된다.
듣 기 : 청자는 부주의하므로 주의력을 조절할 줄 알아야 한다.

다카이 노부오 변호사는 이야기를 듣는 것은 말하는 것보다 3배 이상의 에너지가 필요하고 주의해서 들어봐야 24초를 넘기지 못한다고 설명한다. 그만큼 말하기에서 듣기가 중요하다는 것을 알 수 있다.

<table><tr><td>말하기 단계 (유정아의 『유정아의 서울대 말하기 강의』)</td></tr></table>

말하기 1단계

- 소통에서 가장 놓치기 쉬운 자신과의 소통방법 터득하고 타인의 말을 경청하는 자세 익히고 자신의 말하기 불안증상을 분석해본다

말하기 2단계

- 바른 발성과 기본적인 언어 훈련을 한다

말하기 3단계

- 자기소개 스피치, 정보 스피치, 설득 스피치, 대화, 인터뷰, 토론, 토의, 내레이션 등의 실습을 한다
- 거대담론이 아니라 스몰토크에서부터 시작하라

자기와의 소통법

- 자신을 평가하는 습관을 버리자
- 심리적인 화장을 하지 말자?
- 나는 어떤 사람인가를 생각해 보라. 평가 이외 객관적 자신을 서술해 보자
- 내가 먼저 정직하게 열린 자세로 상대를 대하자

잘 들어야 말을 잘할 수 있다.

- 필터링(filtering), 스크리닝(screening)의 맹점
  상대의 실수를 한번 듣게 되면 말 전체를 그렇게 필터링 해버린다는 것, 이것의 반대도 동일
- 듣고 싶은 것만 들어서는 안된다. 비판적 듣기, 건설적 듣기로 나아가야 한다

1 세상을 볼 수 있는 창

내가 이 세상에 살아있다는 느낌은 다양한 방법으로 확인할 수 있지만 대체로 어떤 일에 대해 성취감을 느꼈을 때 강하게 나타난다. 기분이 상쾌하고 즐거울 때 감정이 최고로 상승되는데 이 기분이 최고에 이를 때 자신이 원하는 일을 이뤘을 때다. 이때의 존재감은 팽창한다. 완전히 극단적인 상황을 비교해본다. 완전히 충족한 상황에서 나를 표현할 때 자신감에 찬 말을 하게 되고, 위축된 상태에서 나를 드러내는 말은 매우 소극적이다. 이렇게 나의 자신감은 말을 통해 구체적으로 확인할 수 있으므로 나의 말은 내 생각의 표현이자 내 존재를 드러내는 거울이다.

말은 세상을 볼 수 있는 창 역할을 한다. 사물을 보는 기능은 시각이 담당하지만 사물을 포함한 세상에 대한 이해는 단순히 시력으로 가능하지 않다. 아는 만큼 볼 수 있기 때문에 세상에 대한 이해는 많이 알게 될 때 높아진다.

말은 사고방식을 형성하는 기본이 된다. 나의 가치관과 세계관은 평소의 생활습관과 사물을 바라보는 태도와 생각에서 형성되는데 이 모든 내 존재의 저변을 형성하는 요소들은 말의 힘을 통해 저장된다.

　　말은 무의식의 세계까지 분석하고 헤아릴 수 있는 가능성을 가지고
있다. 의식세계를 받히고 있는 무의식의 세계는 우리가 하는 말을 통해
분석하고 이해할 수 있다. 무의식은 언어로 기호화되어 있고, 나는 내가
생각하지 않는 곳에서도 존재한다는 말은 생각의 깊이를 설명하는 것
이다.

② 말을 통해 문화를 이해하기

　　일상생활에서 의사소통을 하지 않고 살 수 없고 대화없이 사람을
사귀지 못한다. 연인, 친구, 가족, 사회생활 등에서 의사소통을 하지 않
을 수 없다. 말이 없는 침묵의 가치도 대단하지만 특별한 상황에서 효과
를 발휘하는 것이며 대부분의 일상에서는 직접적인 대화가 필요하다.

　　말은 우리의 의식과 무의식의 원활한 교류를 이끌어내고, 의사소통
으로 사람들끼리 친근한 관계를 형성하도록 하며 사물을 응시하는 사색
을 이끌어내고 깊이있는 자신과의 대화도 가능하도록 도와 자신의 세계
관을 만들어낸다. 말은 사고하는 인간에게는 절대적인 사색의 도구이며
소통의 중요한 도구이다.

- 말은 세계를 보는 눈이다
- 말은 사고방식을 형성하는 틀이다
- 말은 의식의 밑바탕을 이루는 무의식이다
- 말은 사람 사이의 다리이다
- 말은 존재의 집이다

❶ 글을 읽고 생각하며 말하는 연습의 시간을 갖자

말을 잘하기 위해서는 말하는 대상에 대해 정확하게 알아야 한다. 제대로 모른다면 어떤 말도 피상적으로 하게 되고 상대의 마음을 움직일 수 있는 말을 하기 어렵다. 예를 들어 우리가 전쟁이라는 주제로 대화나 토론을 할 때, 다양한 자료와 정보를 가지고 상대방에게 의사를 전달할 수 있지만 실제 전쟁을 체험한 사람이 증언하거나 의사를 밝힌다면 그 말은 매우 강력한 전달력을 지닌다. 실제 권정생 선생이 체험한 전쟁은 왜 부끄러운 전쟁이 되었는지 함께 이야기해보자.

아래의 글은 「영원히 부끄러울 전쟁」의 일부이다.

3개월 동안의 피난생활에서 30년을 살아도 겪지 못한 일들을 겪었다. 희한하게도 인간은 극한상황에 부딪치면 거의 무감각해지는지 도무지 곁에 총알이 날아오고 바로 건너편에 폭격을 해도 아무렇지 않았다. 가장 힘든 건 잠을 못 자고 먹지 못해 배고픈 것이었다. 밤낮 쉬지 않고 걸을 땐 폭격 따위야 조금도 두렵다는 느낌이 없고 그냥 졸음이 와서 흐느적거렸다.

처음 집에서 피난을 나설 땐 각자 보따리를 싸면서 한 가지라도 더 가지고 가려고 하다 보니 짐보따리가 커질 수밖에 없었다. 나도 내가 갈아입을 옷과 교과서 외에 고무줄 새총, 유리구슬 같은 자질구레한 것까지 싸서 등에 짊어

졌다. 하룻동안은 가까스로 지고 견뎠지만 이틀, 사흘이 지나면서 보따리 속 내용물을 하나하나 버려야 했다. 교과서까지 버리고 담요 한 장과 갈아입을 옷 한 벌만 남겼지만 그것마저도 나중엔 힘겨웠다.

　석달 동안의 피난을 마치고 돌아왔을 때, 마을 모습은 별로 변하지 않았는데 사람들이 모두 변해 있었다. 서로 믿고 얘기를 나눌 이웃이 없어진 것이다. 형제끼리도 사촌끼리도 사돈간에도 입을 다물고 지냈다. 마을 남자들 중엔 모병으로 국군이 되기도 하고 인민군 의용군으로도 갔다. 토벌대로 가기도 하고 공비가 되기도 했다. 그 어느 쪽도 본인의 의사와 다르게 서로가 적이 되어버린 것이다. 그렇게 살벌한 분위기는 여자들과 아이들한테 미치게 되었고 가치관의 혼란은 그 당시 우리들의 정신성장에 커다란 장애가 되었다.

(권정생, 『우리들의 하느님』, 녹색평론사, 2008.)

2 다양한 말하기 환경을 설정해서 연습을 해보자

　의사소통의 구성요소는 청자, 화자, 메시지와 피드백, 맥락 등이다. 말을 하는 사람과 듣는 사람, 말의 내용을 주고받는 상황이 어우러질 때 의사교환이 가능해진다. 이러한 구성요소를 잘 파악하고 말을 하자. 이제 좀더 효과적으로 자신의 의사를 표현할 수 있는 방법을 찾아보기 위해 실제 대화상황을 설정하여 다양하게 말하기 방법을 살펴본다.

　개인적이면서 격식이 없는 말하기에는 익숙하겠지만 공식적인 자리에서 자신의 의견을 드러내는 일은 쉽지 않다. 어떻게 노력하면 공적인 자리에서 자연스럽게 자신의 의사를 표현할 수 있겠는가. 신입생의 경우, 대학강의실에서 일어나는 다양한 의사표현의 기회를 잘 활용하면 말하기에 익숙해 질 수 있다.

① 우리는 누구나 자신의 말을 잘 들어주는 사람을 좋아한다. 그렇다면 친구와의 대화에서 나는 말을 들어주는 편인가, 내 의견을 주장하는 편인가를 살펴보고 그런 경향을 갖게 된 자신의 특징을 살펴보자.

② 친구와의 대화에서 우리가 놓치고 있는 것이 없는지 살펴보자. 친함의 정도로 욕설을 사용하는 경우, 너무 친구를 가볍게 대하는 경우, 친구의 말을 끝까지 경청하지 않는 경우, 친구의 말을 제대로 듣지 않고 자기마음대로 결정하는 경우, 자신의 주관이 없어서 친구가 하는대로 따라하는 경우 등의 상황을 고려해보자.

③ 친구와 다투면서 가장 후회스러운 말을 한 적이 있다면 언제, 왜, 그 말을 하게 되었는지 생각해보자.

④ 대학신입생이 되면서 자기소개를 하는 자리가 아주 많다. 자신을 당당하게 잘 소개할 수 있는가. 그렇다면 어떤 방법으로 자신을 소개하는가. 만약 자기소개가 부담스럽고 힘들다면 왜 그런지를 이야기 해보자.

⑤ 대학 강의실에서 교수가 강의 중이다. 단, 교수가 던진 질문의 내용을 정확하게 알고 있다고 가정한 상황에서 특정 학생이 아닌 전 학생에게 던지는 질문에 대해 대답할 자신감을 가지고 있는가. 만약 대답할 자신감이 없다면 그 이유를 서로 말해보자.

02

다양한 발표 기법

발표의 세계

여기서는 발표의 핵심 개념과 원리, 실제 발표에서 각 단계마다 수행해야 할 구체적 과제에 대하여 소개하고자 한다.

1 발표란 무엇인가?

발표란 대중을 상대로 발표자가 새로운 정보를 전달하거나 자신의 주장을 가지고 대중을 설득하는 표현 행위이다. 발표는 구체적인 형식에 따라 매우 다양하게 존재한다. 대중 연설이나 강연은 물론이고 논문 발표, 각종 보고서의 발표, 심지어는 강의도 발표에 해당한다. 그런데 요즘은 발표를 위한 매체가 매우 발달하면서 발표에서도 큰 변화가 나타났다. 컴퓨터를 활용하여 영상이나 그림을 시각적으로 제시하면서 발표를 함으로써 단순히 음성 언어에만 의지하던 발표보다 탁월한 발표의 효과를 거두는 일이 일반화되었다. 그래서 컴퓨터를 비롯한 첨단 기기를 사용하여 시각적 효과를 극대화하여 발표하는 것을 직접 보여준다는 의미를 살려서 프리젠테이션(presentation)이라고도 한다. 크게 보면 프리젠테이션은 발표라는 포괄적 행위에 들어가는 구체적 하나의 방법이라고 할 수 있다. 오늘날 발표가 대부분 프리젠테이션의 방식으로 이루어지기 때문에 여기서도 거기에 초점을 맞추어 발표에 대한 설명을 하고자 한다.

2 발표의 원리

발표는 설명을 통한 보고의 방식으로 설명의 일반적 원리를 알고 있어야 한다. 대표적인 설명의 방법으로 정의, 기술, 묘사, 분석, 분류와 구분, 비교와 대조, 예시와 인용 등이 있다. 먼저 정의는 청자가 잘 알지 못하는 개념을 알려주는 설명의 방법이다. 여기에는 주어진 개념의 속성을 설명하는 방식, 그 개념을 구성하는 하위 개념들을 나열하여 설명하는 방식, 주어진 개념을 유사한 다른 개념과 비교하여 설명하는 방식 등 세 가지가 있다. 정의를 할 때 정의항과 피정의항 사이에 일정한 원칙이 준수돼야 한다. 즉 피정의항에 사용된 내용이 정의항에 반복 사용되어서는 안 되며 부정의 방식으로 설명해도 안 된다.

기술은 자기가 직접 경험하거나 관찰한 현상을 그대로 설명하는 방식이다. 대상의 모양, 구조, 사용 방법 등을 객관적으로 자세히 설명한다. 묘사는 주어진 대상의 모습이나 특징을 주관적으로 감정을 넣어서 생생하게 그려 보이는 방식이다. 묘사 대상의 특징에 따라 공간적 묘사와 시간적 묘사로 나누어진다. 분석은 어떤 대상이나 현상의 이면에 내재하는 원리 즉 원인과 결과를 설명하거나 대상의 본질이나 속성을 자세히 밝히는 설명의 방법이다. 분석에는 구조를 분석하는 구조 분석과 구조의 기능을 분석하는 기능 분석의 두 가지가 있다.

분류는 여러 가지 대상이나 관념을 일정 기준에 따라 관련 되는 것 끼리 묶어나가는 것이고 구분은 갈라 나가며 하는 설명의 방식이다. 종 개념에서 유개념으로 나가는 것을 분류라고 하고 유개념에서 종개념으 로 나가는 것을 구분이라고 한다. 비교와 대조는 이미 알고 있는 사실이 나 내용을 자신의 생각과 견주어 설명하는 방식인데 둘 이상의 대상의 유사한 측면에 맞추어 설명하는 것이 비교이고, 상이(相異)한 측면에 맞 추어 설명하는 방식이 대조이다. 그리고 어렵거나 모호한 대상을 실제 자료나 사례를 가지고 설명하는 방식이 예시이고 내용과 관련된 이야기, 일화, 유명 인사, 옛 성현의 말을 끌어와서 설명하는 방식이 인용이다.

❸ 발표의 실제

발표는 몇 가지 단계를 거쳐야 가능하다. 사람에 따라 단계를 다소 다르게 설명하기도 하나 대체로 네 단계를 상정한다. 먼저 사전 분석의 단계이다. 이 단계에서는 누구를 대상으로 무엇을 어떤 환경에서 말할 것인가를 분석해야 한다. 청중과 발표의 목적, 발표의 환경을 분석하는 일을 해야 한다. 다음은 내용 구성의 단계이다. 여기서는 발표하고자 하 는 내용을 드러내기에 좋은 자료를 먼저 수집해야 하고 이를 주어진 시 간 내에 발표 형식에 맞게 발표 내용을 구성해야 한다. 자료는 논지를 뒷받침하는 것, 객관성과 대표성이 있는 것을 선택하고 내용 구성은 도 입, 전개, 정리의 세 부분으로 나누어 하면 된다. 내용 구성이 끝나면 다음은 시각 자료 작성의 단계로 들어간다. 자기가 작성한 문서 자료를 어떻게 하면 가장 쉽고 흥미 있고, 정확하게 청중에게 전달할 것인가에 초점을 맞추어 슬라이드, 디자인, 멀티미디어, PPT 등을 활용한 영상 자료를 만든다. 마지막 단계가 발표이다. 먼저 발표에 필요한 장비를 설치하고 사전에 연습을 하여 발표에 필요한 자신감을 가지고 구체적 방법을 활용하여 훌륭한 발표를 하도록 노력해야 한다.

연설문을 활용한 발표 기술

1 연설의 개념과 요건

연설은 공개적 넓은 장소에서 둘 이상의 다수 청중을 대상으로 일정한 목적을 가지고 어떤 과제에 대한 자신의 생각이나 주장을 일방적으로 말하는 의사 표현의 방식이다. 여기서 공개적 넓은 장소는 사적 말하기가 아니라 공적 말하기라는 것을 의미한다. 공적 말하기는 친교를 위한 말하기나 정서 표현을 위한 말하기와도 다르다. 그리고 반드시 다수의 청중이 있다는 것이 연설의 중요한 특징이다. 청중은 연설에 따라 성격이 다양하게 나타날 수 있다. 예를 들면 선거의 경우에는 유권자가 청중이고, 졸업식장 같으면 학생이 청중이며 국경일일 경우에는 국민 전체가 청중이 된다. 그리고 연설에는 반드시 목적이 있다. 국경일 연설 같으면 당일의 의미를 되새기고 경축하면서 국민의 화합과 발전을 당부하는 것이 목적이 될 수 있으며, 졸업식에서는 졸업을 축하하며 학생의 미래에 대한 희망과 교시 내리는 것을 목적으로 할 수 있으며, 선거 유세에서는 유권자들에게 자신이 무엇을 왜, 정책으로 실천할 것인가를 중심 내용으로 말하여 지지를 당부하는 것이 목적이 될 만하다. 연설은 종류에 따라 목적이 여러 가지지만 자기의 주장을 가지고 상대를 설득한다는 것은 공통된 목적이다. 모든 연설은 설득을 통하여 각 연설의 정황에 맞게 다양한 행동을 유발하고자 한다. 그런 공통된 목적이 달성되면 유세의 연설을 통해서는 유권자의 지지를 많이 받을 수 있고, 국민에게 기쁨과 희망을 안겨 줄 수 있고, 학생들에게는 미래에 대한 자신감과 도전 정신을 일깨울 수 있다. 그리고 연설은 일방적이라는 성격을 또한 가진다. 대화나 토론과 같이 쌍방 소통이 아니다. 말하는 사람이 듣는 사람에게 일방적으로 말하고 그치는 의사표현의 방식이다. 따라서 일방적 성격 때문에 나타날 수 있는 연설 목적 달성의 성과에 대하여 항상 사전에 대비하고 충분한 청중의 분석, 상황 맥락, 연설 내용 등에 대하여 철저한 사전 준비와 점검이 필요하다.

연설이 가지는 이와 같은 기본적 성격 때문에 연설은 갖추어야 할 요건이 몇 가지 있다. 개념을 말할 때 이미 말한 바이지만 모든 연설에는 구체적 목적이 있다. 경축, 선거, 졸업, 출전 등 다양한 상황에서 축하, 지지, 미래 희망과 새로운 도전, 승리에 대한 확신 등을 전달하는 것이 목적이다. 연설의 상황에 따라서 담아야 할 핵심 목표를 분명히 하고 이런 목표를 잘 전달할 수 있는 내용을 찾아서 연설문을 작성해야 한다. 그리고 다음으로 청중을 분석하는 것이 중요한 요건이다. 상황에 따라 청중들의 성격이 어느 정도 드러나지만 세부적으로 보면 다양한 성격의 구성원으로 청중이 이루어져 있을 수 있다. 남녀 성별은 물론 연령, 직업, 사회적 계층 등 구체적 성격은 더 세분화될 수 있는데 이런 점을 고려하여 연설을 준비하는 것이 중요하다. 듣는 사람이 어떤 사람인가를 알아야 필요한 연설을 하고 효과를 거둘 수 있기 때문이다. 그런데 연설의 목적을 분명히 하고 청중을 제대로 분석했다고 해서 연설의 요건이 완성되는 것은 아니다. 연설은 글을 쓰는 데서 완성되는 것이 아니고 연설의 현장에서 청중을 상대로 실제 연설을 수행해야 완성되는 말하기 방식이다. 그래서 아무리 준비를 많이 했다고 해도 현장에 가면 상황이 예상 밖의 변수가 나타날 수 있다. 예를 들어 청중들이 연설을 외면하거나 소란하거나 하여 연설의 효과가 현저히 떨어질 때 바로 그 자리에서 변화를 읽고 여기에 대처해 나가야 한다. 내가 연설을 하는 목적과 청중들이 요구하는 내용이 다를 수 있다. 이 때는 신속하게 청중의 진정한 요구가 무엇인지를 파악해서 거기에 호응하는 연설로 바꿔나가야 한다. 끝으로 중요한 요것은 연설자의 태도이다. 기본적으로 대중을 감동시키는 것은 화려한 지식도, 달변도 아니다. 인간에게 가장 근본적인 신뢰감을 안겨 줄 수 있도록 행동해야 한다. 그래서 기본적 예절을 갖추고 청중을 존경하는 자세를 가져야 하며 겸손해야 한다. 그런데 겸손하라고 하면 너무 비굴할 정도로 자신을 낮추기만 하는 것은 신뢰감을 떨어뜨린다. 예의를 갖추고 겸손하되 자신감을 보여야 한다. 적어도 자기가 말하는 것에 대한 확고한 신념과 자신감을 보일 때 청중들은 그 말을 신뢰하고, 때에 따라 용기를 얻고 새로운 출발을 할 수도 있고 유권자들은 귀한 표를 주저하지 않고 그에게 던질 수도 있다.

2 연설의 준비

　　연설을 준비하는 것도 일반적 글쓰기와 크게 다르지는 않다. 다만 연설이라는 구체적 상황을 고려하여 글을 쓴다는 것이 다르다. 연설의 상황과 청중의 성격, 문체를 구어체로 한다든지 하는 일이 고려되어야 한다.

　　표현의 영역에서는 말하기나 쓰기에서 가장 먼저 생각해야 할 것은 무슨 이유에서 이런 표현을 하는가의 문제이다. 연설의 경우에도 연설의 목적이 무엇인가를 분명히 해야 한다. 그런데 연설의 목적을 정하면서 고려할 사항이 몇 가지 있다. 연설을 왜 하며 연설을 통해서 무엇을 달성하려 하는가를 점검해야 한다. 말할 내용에 대한 확신을 가질 수 있는가에 대한 점검도 필요하다. 이런 일련의 점검은 청중을 상정하고 해야 하며 예상과 다른 청중의 반응이 있을 경우 어떻게 대처할 것인가를 사전에 준비해 놓을 필요도 있다. 이런 몇 가지를 확인하고 연설의 구체적 목적을 정하면 연설의 상황에 적합한 대비를 할 수 있다.

　　연설의 목적은 크게 설득, 정보 전달, 친교의 세 가지로 나눌 수 있다. 설득의 연설은 자기의 주장을 세워서 청중들을 설득하고 그들이 자기의 주장에 따라 행동 실천까지 나가게 하는 특성이 있다. 일반 청중들에게 민족 화해와 협력, 평화통일을 왜 이룩해야 하는지, 유권자들에게 나를 왜 지지해달라고 하는지에 대하여 설득의 목적을 달성하는데 필요한 내용을 잘 구안해 사용해야 한다.

정보 전달의 연설은 청중이 모르는 새로운 정보나 지식을 알려 주기 위하여 하는 연설이다. 여기서는 청중의 수준과 말하고자 하는 내용에 대한 충분한 이해를 하고 있어야 한다. 특히 알려주고자 하는 핵심 내용이 무엇이며, 그 무엇은 어떠하며, 왜 그러하며 그것이 우리 삶과 무슨 상관이 있는가? 등에 대한 지식을 담아내서 청중들의 지적인 욕구를 충족시킬 수 있어야 한다. 예를 들어 열대 우림과 같은 자연 생태계가 왜 보존되어야 하고 그 방법이 무엇인지, 우리 청소년이 빠지기 쉬운 유해 환경은 어떤 것이 있으며 거기에 대비하는 방법은 무엇인지, 대학인의 사명과 현실 등에 대한 연설을 생각할 수 있다.

친교를 위한 연설은 청중들과 연설자 사이는 물론 청중들 사이에서 행사의 성격에 따른 친화와 기쁨, 슬픔 등을 함께 나누게 하는 성격을 가지는 연설이다. 일상적으로 행해지는 어떤 행사의 기념사, 축사, 격려사 또는 환영사, 송별사와 같은 것이 있을 수 있고 사람의 사별을 애도하는 추도사도 이 범주의 연설에 넣을 수 있다. 여기서는 중요한 것이 행사의 성격과 관련된 사람들의 입장을 충분히 이해하여 고려할 필요가 있다는 것이다. 그렇게 해야 청중들이 공감하고, 행사를 가장 그 성격에 맞게 진행할 수 있기 때문이다.

연설이 가지는 대체적인 목적이 세 가지 정도인데 실제 상황에서 연설을 하고자 할 때 먼저 목적을 정하고 목적의 타당성이나 정합성을 점검해볼 필요가 있다. 크게 나눈 상위의 목적도 다시 확인하는 것이 매우 중요하다. 연설의 상위 유형에 속하는 세 가지 목적을 바로 세우지 않으면 그 이후 진행하는 연설의 준비는 모두 잘못된 방향으로 흘러가기 쉽기 때문이다. 그리고 이런 큰 상위 목적을 설정하고 나서 연설을 구체적으로 준비하는 과정에서 새로 얻게 되는 정보나 연설 상황의 변화가 발생하면 이것을 연설에 바로 반영해야 한다. 그래서 이런 구체적 목적 확인을 위하여 내가 연설하고자 하는 화제에 대한 청중의 인지 수준이 어느 정도이며, 무엇을 기대하고 있는지? 그리고 연설자인 내가 특히 강조하고자 하는 것이 무엇이고, 그 입론과 증거가 타당한지에 대하여 점검하여 보완함으로써 연설문 작성을 제대로 시작할 수 있다.

　　다음은 자료의 수집과 정리를 하는 단계를 거친다. 연설문은 장문의 논문이나 보고서가 아니기 때문에 거기에 적합한 자료를 확보할 필요가 있다. 나타내고자 하는 내용을 더 분명하게 드러내기 위하여 적절한 비유를 사용한다든지 주제를 뒷받침할 이야기를 가져오거나 구체적인 주장을 뒷받침하기 위하여 통계 자료를 동원할 수 있다. 예를 들어 나쁜 버릇을 바꾸자는 주장을 효과적으로 전달하기 위하여 버릇에 대한 비유를 사용할 수 있다. '버릇은 제이의 천성이다'. 천성은 타고난 성격으로서 바꾸기가 참으로 어려운 것이다. 그런데 후천적으로 가진 버릇을 천성에 비유함으로써 바꾸기 어렵다는 것을 바로 인식시키고 처음부터 좋은 버릇을 기르도록 할 수 있다. 주제와 관련된 재미있고 적절한 이야기를 예로 들면 훨씬 재미있고 쉽게 이해하고 오래 기억하게 하는 효과를 거둘 수 있다. 예를 들어 자기 일에 최선을 다하고 열심히 하라는 것을 말하면서 옛날 도둑이 자기의 아들을 대단한 도둑으로 교육시킨 이야기를 가져와서 역설적으로 가르칠 수 있다. 그리고 통계 자료는 연설의 객관성과 신뢰성을 획득하는 중요한 근거가 될 수 있다. 환경오염과 관련하여 지금까지 환경오염이 가져온 폐단과 이런 속도로 오염이 계속되

었을 때 예상되는 여러 가지 미래 자연 재해를 과학적 통계자료로 보여
준다면 환경오염 행위를 근절하는데에 효과를 높일 수 있다.

　이 세 가지 기준에서 자료를 충분히 확보하고 그 가운데서도 다시
실제 사용할 만한 자료를 정리해야 한다. 자료를 정리할 때 가장 중요한
것은 주제를 뒷받침할 수 있는 자료를 가려내는 것이다. 자료 자체는
기발하고 좋다고 해도 주제에 어긋나면 미련 없이 버려야 한다. 그리고
관심을 끌기 위해서는 특별한 자료가 있으면 좋겠으나 여기에 일반적인
자료를 적절히 섞어서 사용하는 것이 더 효과적이다. 또 하나 자료 선정
의 기준에서 빠뜨릴 수 없는 것은 자료의 진실성이다. 자료는 객관적으
로 타당해야 하고 사실이어야 한다. 자료가 사실에 어긋나면 거기에 근
거하여 세운 주장이 모두 신뢰를 잃고 당연히 연설의 목적도 무산되기
때문이다.

　다음은 연설문의 전체 개요를 작성해야 한다. 개요는 일정한 구성을
따라서 해야 된다. 구성은 크게 자연적 구성과 인위적 구성으로 나눌
수 있다. 자연적 구성은 자연 질서에 따라서 글을 구성하는 것이다. 바로
시간과 공간의 질서에 따라 구성하면 자연적 구성이 된다. 시간적 구성
은 물리적 시간의 흐름에 따라 하는 구성이다. 크게 보아 출생에서부터
성장, 발전, 노화에 이르는 인생의 전체 과정을 시간의 순서에 따라 보여
줄 수도 있고 일 년을 봄, 여름, 가을, 겨울로 나누어 보거나 하루 시간을
아침, 점심, 저녁으로 나누어 사건을 전개하는 것 등이 여기에 속한다.
다음으로 공간적 구성은 크게 보아 동서남북이나 좌우상하로 공간을 전
개해 보일 수도 있으나 구체적으로는 이런 경우보다 여행을 하는 경우

행선지가 바뀌는 것에 따라 글을 구성하거나 글의 핵심 내용이 되는 어떤 특정 도시나 마을을 그 입구에서부터 점차 안으로 들어가면서 말한다고 할 때 사용하기에 편리한 구성 방법이다.

그리고 인위적 구성은 인과 관계로 사건을 보여 주거나 정도를 높여 가는 방식으로 사건을 보여줄 수 있다. 또한 단계를 나누어 내용을 배치하는 단계적 구성이 있다. 가장 적은 단계로 된 구성이 3단 구성이다. 단계를 더 늘려서 4, 5단 구성이 더 있다. 4단 구성은 기승전결의 형식을 갖출 수 있고 5단 구성의 경우에는 먼저 주의를 끌면서 흥미를 유발하고, 다음은 문제를 제기하고, 문제에 대한 해결법을 제시하고 주장하며, 해결의 실효성을 증명하고, 마지막으로 행동 실천을 촉구하는 순서로 작품을 구성할 수 있다.

개요 작성이 제대로 마무리되면 실제 집필에 들어가야 한다. 개요 작성의 단계에서 충분한 자료의 확보와 배치, 논지 전개의 구체적 과정을 사전에 준비해 놓아야 집필을 순조롭게 진행할 수 있다. 연설문의 집필에서 특히 유의해야 할 점을 어휘와 문장의 차원에서 살피고자 한다. 먼저 단어는 쉽고 느낌이 좋은 것을 사용해야 한다. 연설이 아니라 읽는 글이라면 독자들이 어려운 낱말을 찾아보기도 하고 음미하면서 읽을 수 있는 시간이 있어서 문제가 없지만 연설의 경우에는 일회성으로 한 번 들으면 바로 지나가버리기 때문에 청중이 이해할 수 없는 어려운 단어를 사용해서는 안 된다. 그리고 어감이 밝고 긍정적인 말을 사용해야 한다. 사용하는 모든 단어는 어감을 가지고 있는데 이것이 적극적이고 긍정적일 때 그에 따른 공감을 이끌어 낼 수 있기 때문이다. 또한 의미가 분명한 말을 사용해야 한다. 이런 저런 해석이 가능한 애매모호한 말을 사용하면 추상적이 되어 청자들의 관심을 끌기 어렵다. 구체적이고 무엇이 어떠하며, 어떻게 해야 된다는 말인지를 분명히 드러낼 수 있는 용어를 사용해야 한다. 여기에는 연설자가 표현하고자 하는 의도를 가장 적절하게 드러낼 수 있는 말을 한다는 의미가 동시에 들어 있다. 적확한 표현을 할 수 있는 구체적인 단어를 사용할 필요가 있다. 그리고 문장의 차원에서 보면 간결하고 짧은 문장을 주로 사용해야 한다. 글로 쓰는 산문처럼 문장이 길고 수식이 많으면 연설의 현장에서 이를 역동적이고 박진감 있게 표현하기가 매우 어렵다. 연설의 호흡에 맞게 말하기 위해서는 일반적으로 짧은 문장을 구사해야 하고 필요에 따라 다소 긴 문장을 가끔 섞어서 사용할 수는 있다. 이때도 어디까지나 연설의 효과를 높이기 위해서이지 긴 문장을 남용해서는 안 된다.

이렇게 하여 연설문의 원고가 완성되면 원고를 바탕으로 실제 연습을 하여 연설이 제대로 구현되게 해야 한다. 우선 작성한 연설문을 반복해서 소리내어 읽어야 한다. 읽을 때에는 글자를 정확하게 발음하고 띄어 읽을 자리를 분명히 구분해서 읽어야 한다. 그런데 실제 읽어 보면 읽기에 불편한 표현이 발견된다. 이때는 주저 없이 수정을 가하고 읽기에 편한 표현으로 바꾸어야 한다. 정확하게 발음하고 띄어 읽기가 익숙해지면 다음 단계는 읽는다는 느낌이 들지 않게 자연스럽게 말하는 연습을 해야 한다. 그리고 최종적으로 연설을 할 때 힘을 줄 곳, 띄어 읽을 곳 등을 표시하여 연설하는 연습을 한다. 그리고 더 나아가 말하듯이 빠르게 할 곳, 느리게 할 곳, 감정을 살릴 곳 등도 표시를 하고 이것을 지키며 연설하는 연습을 해야 한다. 다음은 연설할 때 보여야 할 동작이나 표정을 생각하고 실제 거울을 보면서 연습할 필요가 있다. 실제 동작이나 표정은 내가 생각하는 것과는 다르게 나올 수 있다. 부자연스럽거나 어색한 동작이 발견되면 이것은 바꾸고 다시 새로운 것을 개발하여 사용해야 한다. 그리고 실제 연설의 현장과 비슷한 장소 혹은 연설 현장을 마음 속에 그리면서 연습을 한다. 필요하면 친구나 어떤 사람을 앞에 앉혀 놓고 연습을 하면 더욱 심리적인 적응 훈련도 되고 잘 못된 것을 시정 받을 수도 있다. 그리고 연설 시연에 앞서서 자기의 연설을 실제 녹음하거나 녹화하여 듣거나 살펴보면 발음이나 태도, 자세, 동작, 시선 등을 전반적으로 다시 교정할 수 있고 최선의 연설을 할 수 있다.

3 연설의 실제

① 여러 가지 목적에 따른 간단한 연설문 작성하기
② 연설문 시연하기
③ 연설문과 연설 시연의 평가와 송환하기

03 자기소개서 작성을 통한 면접 기술

1 자기소개서

자기소개서는 성장 환경이나 성격, 사고방식 등의 내용을 통하여 글쓴이의 됨됨이를 알리는 글이다. 형식상으로는 자유로워서 수필이라 할 수 있으나 취업 등 일정한 현실의 목적을 위해서 쓰여진다는 점에서는 실용적인 성격을 동시에 가지는 글이라고 할 수 있다. 기업이나 공공 기관에서 신입 사원 혹은 직원을 채용할 때 기본적으로 서류 전형, 필기 전형, 면접 전형을 보지만 요즈음은 그 구체적인 내용도 많이 변모하였고 여기에 반드시 자기소개서를 요구하여 위의 전형으로 알 수 없는 내용을 파악하고 있다.

이런 형태의 글에는 우선 경력소개서를 들 수 있는데 이것은 학교를 졸업하고 첫째 직장에서부터 퇴직한 직장에 이르기까지 연대순으로 쓰는 글이다. 이전 직장에서의 소속, 직책, 입사 동기, 직위, 퇴사 동기 등을 간단명료하게 기술한다. 그리고 이력서에서 쓰지 못한 또 다른 사실이 있으면 추가하여 기록한다.

다음은 기업이나 기관이 요구하는 고유양식의 자기소개서를 들 수 있다. 여기에는 먼저 자기의 성장과정이 들어가야 한다. 부모와 부모의 직업을 소개하고 가훈을 기록하여 자신의 인격 형성에 긍정적으로 끼친 영향을 같이 기록한다. 집안에 게시된 가훈이 없다고 해도 실망할 필요는 없다. 조상이나 부모님으로부터 평소에 받은 주된 가르침의 내용을 가훈으로 정형화하여 적으면 된다. 그리고 집안의 수입 정도, 자기 자신의 독특한 성장 경험 등을 기록한다. 다음은 자기의 성격을 소개한다. 장점을 많이 말하되 단점도 솔직하게 지적하여 그 시정의 노력을 드러냄으로써 신뢰를 얻어야 한다. 기관이나 기업체가 요구하는 성격은 근면, 성실, 원만 등의 긍정적인 태도이고 일에 있어서는 추진력과 책임감, 인내력 등임을 먼저 알고 이러한 요구에 부합하는 성격을 소개하면 된다. 다음으로 지원 동기에서는 친구나 선배, 선생님의 소개보다 자기 스스로 선택한 명쾌한 이유를 제시함으로써 자발성과 신뢰성을 보여야 한다. 희망 업무와 포부에서는 자기의 전공이나 적성을 살린다는 차원에서 말하고 더 나은 서술을 하기 위해서는 그 업종에 대한 평소의 관심과 배경지식을 갖추고 이런 내용을 표현해야 한다. 끝으로 특기 사항을 기록한다. 여기에는 복수전공, 부전공 등의 전공능력과 외국어 능력(번역, 회화 등)의 실력을 소개하고 그 외에 컴퓨터 조작능력, 각종 면허증, 자격증 등을 소개하고 잘하거나 좋아하는 운동을 소개하여 자신의 모든 자랑할 만한 능력을 나타낸다. 이상의 내용을 기록하면서 반드시 고려해야 할 사항은 응시자의 사상, 미래관, 가치관 등이 잘 드러나야 한다는 것이다. 즉 긍정적이고 적극적이며, 진취적인 기상과 미래관, 가치관이 나타나야 한다.

자기 소개서를 쓸 때 사전에 작성하여 제출하거나 수험장에서 규칙에 따라 작성하기도 하는데 다음과 같은 점을 반드시 유의해야 한다.

먼저 면접관의 호감을 사기 위해서는 내용이 독창적이어야 한다. 다음은 내용에 지원자의 자발성이 드러나야 한다. 자발성은 미래의 발전성과 창조적인 능력과도 밀접한 관계를 가지고 있기 때문이다. 그리고 문맥의 연결이 논리적이어야 한다. 문장의 서술이 논리적이지 않으면서 논리적인 일처리나 생활을 기대하기 어렵다는 부정적 판단을 불러오기 때문이다. 또한 같은 말을 반복하지 말아야 한다. 짧은 글에서 같은 말을 반복하여 사용한다는 것은 소재의 빈곤이나 지식의 한계를 스스로 노출하는 결과가 되기 때문이다. 고사나 명언 유머를 인용할 때에도 적확하고 효과적일 필요가 있는데 너무 상식적인 것을 나열하여 오히려 자신의 무식을 탄로 내는 실수를 저질러서는 안 된다. 원고의 분량은 200자 원고지 6매, 에이포(A4)용지 2~3면 정도를 요구하는데 지원자는 이보다 약간 많은 분량을 쓰면 무난하다. 제목은 핵심 내용 즉 자기의 사상이나 주장을 따서 정하면 되겠는데 흔히 그냥 〈자기소개서〉라고 하면 시험관의 입장에서 보면 여러 수십 명 혹은 수백 명이 모두 〈자기소개서〉라고 하여 원하는 사람이 누구인가를 찾아내기 참으로 어렵다고 하겠다. 그리고 특히 요구가 있을 때에는 한글과 한자를 병용하여 서술하면 좋겠는데 한자를 쓰다가 틀려 써서 감점을 받는 실수를 해서는 안 되겠다. 끝으로 맞춤법과 띄어쓰기 등의 우리말의 기본 어법에 맞게 쓰는 일이 중요하다.

② 면접

앞에서 살핀 자기소개서는 이력서와 함께 면접의 중요한 두 가지 자료인데 이를 통하여 기업이나 채용 업체는 지원자의 능력과 발전 가능성을 본다. 이들 자료를 통하여 현재 지원자가 가진 업무 추진 능력이나 미래 발전 가능성에 대하여 살펴본다. 이와 같이 이 두 문건은 면접의 중요한 자료가 된다. 그래서 자기소개서나 이력서를 작성할 때에는 상대의 요구 사항을 감안하여 내용을 작성해야 하며 면접을 할 때 이와 관련한 질문을 예상하고 충분히 먼저 대비를 해야 한다. 특히 자기 소개서를 통해서 상대방은 지원자의 성격과 인생관을 파악하려고 한다. 그래서 성장 배경과 연관하여 긍정적이고 적극적 성격과 낙관적 인생관이 드러나게 자료를 만들 필요가 있다. 특히 자기 소개서는 길게 서술하는 산문이기 때문에 논리적 사고와 글을 쓰는 능력을 동시에 살피는 자료가 된다. 따라서 논리적 사고력과 글 쓰는 능력을 배양하기 위한 노력을 함께 기울여야 한다.

면접은 서류를 통하여 파악할 수 없는 지원자의 성격이나 언행, 해당 분야의 지식 혹은 업무 능력 등을 직접 만나서 알아보는 구술시험이다. 따라서 면접은 채용에서 매우 중요한 위치를 차지하고 있으며 이러한 추세는 점차 강화되고 있다. 면접시험의 평가 기준은 먼저 외모 평가를 들 수 있다. 지원자의 복장이 단정하고 태도가 부드럽고 적극적이며 협조적인가 하는 것을 살핀다. 그리고 명랑하고 호감을 가질 수 있고 친화성이 있는가를 살핀다. 질문을 주고받으면서 질문의 의미를 제대로 이해하고 결론을 내릴 때 객관적이고 합리적인 판단을 하고 있는지, 그리고 그것을 조리 있게 적극적으로 표현하는지를 또한 본다. 그리고 일처리에 있어서 성실하며 창의성이 있는지도 역시 중요하다.

끝으로 응모 서류에 의한 평가를 들 수 있다. 응모하면서 제출한 모든 서류를 근거로 질문할 수 있다. 이력서나 자기 소개서에 제시한 내용에 대하여 스스로 먼저 정확히 알 고 있어야 하고 여기에 대한 질문을 따로 준비해 두어야 한다. 가족 관계, 성장 배경, 자신의 학력과 경력, 성격, 그리고 특기 사항에서 각종 면허나 자격, 수상, 취미 등에 대하여 먼저 생각을 해 두어야 한다. 요컨대 외모 관련 질의, 일반 질의, 서류 자료에 근거한 질의 등에 각각 준비를 해야 한다.

먼저 외모와 관련한 대비를 알아보자. 우선 복장은 편하게 할 수도 있으나 정장 차림의 다소 보수적 외모가 좋다. 남성 정장, 여성 정장과 그에 따르는 머리 모양이나 신발차림을 갖추어야 한다. 그리고 면접 시간보다 일찍 도착하여 여유를 가지고 자기 점검을 해야 한다. 제출한 서류를 지참하고 필기도구도 가지고 가서 만약의 사태에 대비를 해야 한다. 내 서류를 더 요구하거나 적어야 할 일에 대비하는 것이다. 그리고 면접실에 들어가서 인사를 하고 바로 자리에 앉지 말고 앉으라는 말을 할 때까지 기다렸다가 앉아야 한다.

　　다음은 질문과 대답에 관련한 면접 대비이다. 특정 내용에 국한되지 않는 열린 질문을 받았을 때 여기에 대한 대비가 필요하다. 지원자 본인에 대하여 말하라든지, 지원한 분야의 업무와 관련하여 말해 보라는 등의 구체적 질문을 받았을 때, 이것은 지원자에게는 좋은 기회가 된다. 여기서는 항상 지원한 기관, 회사, 단체에 대한 입장을 반드시 고려한 대답을 해야 한다. 자기는 이런 성격에 이런 능력을 갖춘 사람인데 그것은 바로 지원한 회사와 그 분야에 이렇게 어울린다는 논리의 이야기를 전개해야 한다. 단순히 개인적인 이력이나 가족관계, 친구 관계만을 소개해서는 안 된다. 그리고 불리한 질의를 받았을 때를 대비하여 준비를 해야 한다. 예를 들어 어떤 일에서 실패한 경험이나 성격적 결함 등 약점에 대한 질의를 받았을 때 매우 논리적이고 현명한 대답을 해야 한다. 실패의 경험이 근본적 자신의 무능 때문이 아니라는 것을 바탕에 깔고서 그 일에 대한 경험이나 사전 준비의 부족에 대한 것을 실패의 원인으로 제시하면서 그 실패로 인하여 무엇을 배웠으며 그 이후 발전적으로 달라진 면모를 말할 필요가 있다. 그리고 성격적 약점에 대하여 말할 때 자신이 근본적으로 도전적이고 적극적인 성향을 가지고 있다는 것을 전제하면서 부수적 결함을 말하고 이를 시정하고 있다는 신뢰를 심어줄 필요가 있다. 사업을 다소 무모하게 확장했다거나 자신의 의견을 강하게 주장하는 등의 문제 때문에 일이 실패한 경우를 솔직히 인정하면서 그런 경험을 통하여 합리적 준비와 다수 의견의 수렴을 통하여 이를 극복한 과정을 함께 말해야 한다. 그런데 결점을 말한다고 하여 이전 기관이나 거래

처에 심대한 경제적 소실을 끼쳤다거나 스스로의 능력이 근본적으로 부족하다는 식으로 말해서는 안 된다. 지나치게 적극적인 성향, 도전적 활동으로 문제가 발생하기는 했으나 구성원의 의견 수렴과 합리적인 시장 조사 등을 통하여 예상되는 문제를 극복해 나감으로써 적극적이고 도전적인 성향이 장점으로 바뀔 수 있다는 점을 말해야 한다.

제출한 서류와 관련한 질문에 대한 대답을 하는 방법이다. 이력서와 자기 소개서에서 제시한 내용은 면접에서 좋은 자료가 될 수 있다. 이력서에 제시한 학력이나 경력의 범위를 넘어서서 자신의 능력을 더 드러낼 수 있는 준비해야 한다. 그리고 이와 같은 표현되지 않은 이면의 능력을 제출 서류와 연관하여 말할 준비를 해야 한다. 학력도 공식적 학교 수학 과정 이외에 별도로 갖춘 수학 이력을 사전에 준비하고, 경력에서도 가시적으로 서류상에 드러난 것 이외에 지원한 분야와 자신의 능력이 적합성을 갖는다는 것을 말할 준비를 해야 한다. 기록한 많은 경력 가운데 이 업무와 관련된 능력을 우선 순위를 가지고 강조하고 부각할 수 있어야 한다. 자기 소개서에는 전공과 관련한 내용을 포함하기 마련인데 이와 관련한 질문에서 전공 가운데 무슨 과목을 공부하면서 지원한 업무에 대하여 알게 되고 준비를 하게 되었다는 방식으로 이를 연관시켜 말할 수 있어야 한다. 그리고 학교생활에 대한 질문에서 많은 생활의 경험 가운데서도 지원한 분야와 상관시키는 방향으로 대답을 해야 한다. 예를 들어 어려운 친구를 어떤 상황에서 도운 일이 있는데 그것은 자신의 깊은 내면에 남을 돕고 어려움을 함께 나누는 선량한 인품을 가졌고 나아가 봉사하는 정신을 바탕에 가지고 있기 때문이라는 것을 부각할 수 있어야 한다. 그리고 사회 정치적인 문제에 관해 질문을 받았을 경우에 자신의 사회 정치적 소신을 그대로 노출하는 것은 상당히 위험하다. 정권의 성향에 대한 입장이나 사회의 노조, 전교조 등의 과제에 대한 질문이 나올 수 있는데 기본적으로 보수적으로 대답하는 것이 유리하다. 면접관들은 주로 간부 출신이고 기관, 업체의 입장을 대변하는 경우가 많아서 진보적인 성향을 가감 없이 드러내면 감점을 받거나 배척당할 수 있다.

그리고 자기 소개서에서 자기의 장래 희망과 포부를 말하면서 반드시 그 포부를 가지게 된 이유를 말해야 하는데 여기에는 두 가지 정도를 고려하여 대답을 해야 한다. 먼저 자신의 능력과 적성을 고려한 대답이다. 우선 자신이 이 분야를 잘할 수 있다는 것을 보여 주어야 한다. 해당 분야의 전공 준비를 많이 했다거나 실무를 익혔다는 것 등을 들 수 있고 다음은 자신의 성격이 그 일을 하기에 매우 어울린다는 것을 주지시킬 필요가 있다. 성격이 고정되어 있는 것은 아니지만 큰 틀에서 보면 연구나 창의에 어울리는 사람이 있고, 영업이나 현장 활동에 어울리는 사람이 있고, 관리와 조직에 뛰어난 사람이 있을 수 있다. 자신이 지원한 분야가 가진 특성을 고려하여 거기에 근접하는 자신의 성향을 부각하여 대답할 수 있어야 한다. 그리고 여기서 준비해야 할 것은 자기가 지원한 분야를 포괄하는 전체적 동향을 어느 정도 알고 대답을 해야 한다. 지원 분야가 포함된 전체 업계의 동향을 파악한 다음 지금 내가 지원한 기관, 회사의 그 분야가 처한 위상을 동시에 알아서 대답을 해야 면접관을 감동시킬 수 있다. 자신의 할 수 있는 일이 무엇이며 자신이 어떻게 그 일을 수행할지에 대한 정확한 대답을 하기 위해서이다.

❸ 자기소개서와 면접의 실제

① 지원기관에 따른 차별화된 여러 가지 자기 소개서 작성하기

② 면접시연하기

③ 자기소개서와 면접 시연의 평가와 송환

현대 사회의 변화는 너무 빨라서 흐름을 그냥 따라가는 것조차도 힘들 정도다. 특별하게 의도된 노력을 기울이지 않고 막연하게 겉만 보고 쫓아가거나 사물이나 현상의 본질을 잘 못 파악한 상태에서 어떤 결정을 하고 이것을 실천으로 옮긴다면 미래 활로를 열지 못할 뿐 아니라 사회의 빠른 변화를 따라 잡지도 못할 것이 자명하다. 이런 일은 영국의 역사학자 아놀드 토인비가 말한 도전에 대한 응전으로 설명할 수 있다. 그는 인류 문명을 두고 도전과 응전의 원리를 가지고 설명했는데 인류 문명이나 근세 열강의 대열에 든 나라들은 한결같이 도전을 극복하는 응전에 성공하여 한 문명을 일으킬 수 있었고 강대국으로 세계를 호령할 수 있었다고 보았다. 특히 자연 현상인 기후 조건을 여기에 중요한 변수로 설명했는데 한대 지방은 추위라는 너무 강력한 도전을 극복하는 과정에 힘을 다 소모하여 문명을 일으킬 여력을 가지지 못했고, 열대 지방은 모든 것이 갖추어져 도전이 너무 없어서 힘들여 문명을 일으킬 이유가 없었기 때문에 문명을 일으킬 동력이 생기지 않았다고 했다. 그런데 한대와 열대의 중간 지점에 처한 온대 지방에서는 기후 조건이 적절히 춥고 더워서 이를 극복하면서 새로운 창의를 개발하는 능력을 획득할 수 있었다는 것이다.

　　그런데 이와 같은 토인비의 설명은 다소 인간의 입장에서 보면 운명적이고 타율적인 조건에 의하여 인간이 규정된다는 말로 들릴 수도 있다. 그러나 그가 발견한 도전과 응전이라는 역사 전개의 기본 원리는 그렇게 단순하지 않다. 도전의 개념 안에 자연뿐 아니라 인간의 요소를 넣고, 도전의 크기, 종류, 강도에 따라 응전의 방식을 달리 한다면 그가 말한 도전과 응전이라는 원리는 운명적이 아니라 자기 주도적이며 타율적이 아니라 자율적인 데에 무게가 더 해질 수 있다. 그래서 실제 그도 문명이나 국가를 이끄는 지도자의 역할이 매우 중요하다는 것을 강조했다. 즉 창조적 소수자가 지도자일 때 도전은 훌륭한 응전을 불러와 그 문명이나 국가가 번영을 누리게 된다는 것이다. 실제 한 문명을 일으킨 핵심 인물이나 한 나라를 일으킨 창업주들은 창조적 소수자라고 할 수 있다. 그리고 그렇게 일어난 문명이나 국가를 지속적으로 발전시키고 유지하는 지도자들도 역시 창조적 소수자라고 할 수 있다. 그런데 문명의 종말을 가져오고 국가를 위기에 빠뜨리거나 멸망에까지 이르게 하는 지도자들은 소수자이되 창조력을 상실한 일상적 인간으로 전락한 사람들이라고 할 수 있다. 창조적 소수자는 창의를 가지고 새로운 것을 만들어낼 수 있는 소수의 인물이라는 뜻이다. 창의는 지금까지 아무도 거기에 이르지 못한 새로운 생각이다. 창의는 여러 가지로 설명할 수 있다. 기본적으로 어떤 생각이든 무엇에 대한 생각인데 창의는 무엇에 대한 습관적 생각이 아니고 새로운 생각이라는 것이다. 그리고 무엇은 생각의 대상이 되는 모든 것인데 이것은 포괄적으로 말하자면 자연과 인간의 존재 현상과 문제라고 포괄해서 말할 수 있다. 같은 문제를 두고 새로운 생각을 이끌어내기 위해서는 여기에 선결 조건이 있다. 존재 현상을 이해하고 문제를 정확하게 읽어내는 노력과 능력이 필요하다. 그래서 일체를 그냥 보아 넘기는 습관적 행위가 아니라 왜 그러한가라는 의문을 가지고 본질을 이해하고 문제를 읽어내는 노력을 지속해야 한다. 실제 이런 노력을 기울인 사람들은 일반인들이 범상하게 지나쳐보는, 겉으로는 잘 되어 가고 오히려 발전하는 듯한 현상으로부터 역으로 아직 드러나지 않은 문제를 찾아내어 시간 여유가 있을 때 이를 해결함으로써 파국에 이르지 않고 지속적 상승 발전을 이끌어 내는 역할을 수행한다.

창조적 소수자는 타고난 능력으로 초월적 어떤 운명이 길을 이끌어서 그런 길을 걸어가는 선구자가 아니다. 문명이나 국가, 기업이나 사회단체, 자연인으로서의 한 개인에 이르기까지 창조적 능력을 발휘하기 위하여 상위 인지적 노력을 지속적으로 기울이는 데서 스스로 만들어 가는 존재가 바로 창조적 소수자이다. 그래서 창조적 소수자는 문제를 발견하는 데서부터 해결하고 새로운 발전을 이끌어 내고 거기에 예상되는 결과를 예측하는 데 이르기까지 전과정에 걸쳐 창조적 역량을 발휘한다. 인간이 사는 곳은 어디나 이런 사람을 요구하고 있어서 이런 인재를 기르기 위하여 인류는 교육이라는 이름의 많은 노력을 기울이고 있다.

여기서 말하고자 하는 기획서나 보고서가 크게 보면 탁월한 응전을 할 수 있는 길잡이 역할을 하는 것이라 할 수 있다. 기획서나 보고서 안에는 현상을 분석하고 문제를 찾아내며 문제 해결의 바람직한 방향을 모두 담고 있기 때문이다. 그래서 이런 문안을 작성하는 것은 단순히 문서를 작성하는 기술이나 간단한 생각을 가지고 기계적으로 할 수 있는 일은 아니다. 적어도 기획서나 보고서를 쓰기 위해서는 우선 앞에서 말한 무엇에 대한 이해와 정확한 분석이 이루어져야 하고 다음은 문제를 발견하고 그 본질과 성격을 읽어내어 가장 바람직한 해결 방안을 제시할 수 있어야 한다. 여기에 평소 사유하는 힘, 모든 현상과 대상을 습관적으로 보아 넘기지 않는 문제 제기적이고 창의적 태도를 몸에 지녀야 한다. 이런 기본적 태도를 가지고 실제 기획서나 보고서를 어떻게 작성하고 발표하는지를 알아보고자 한다.

❶ 기획서(제안서)의 작성 방법

기획서란 어떤 대상, 현상에 대한 새로운 생각을 체계적으로 표현한 문서라고 할 수 있다. 그리고 이것을 특정 기관이나 부서, 상급자에게 제출하여 자기의 새로운 생각을 알린다는 점에서는 이것을 제안서라 하기도 하고, 계획을 담고 있다는 점을 강조하여 계획서라고 말하기도 한다. 기획서는 규모에 따라 특정 국가나 사회단체, 기업이나 회사 조직 등의 단위에서 작성될 수 있다. 우선 기획이라는 말이 포괄하는 범위나 성격에 따라 전략 기획서와 전술 기획서로 나누어 볼 수 있다. 전략 기획서는 문제 진단이나 어떻게 해결하며 어떤 새로운 방향을 모색하고 실천할 것인가를 종합적으로 말해주는 기획서이다. 예를 들어 국가나 기업이 현재 처해 있는 상황이 어떠하며 거기에 내재하는 문제는 무엇이고 이것을 어떻게 해결하며 해결한 뒤에 예상되는 바람직한 방향, 즉 지향적 목적은 무엇인가 등 매우 포괄적이고 종합적인 방안을 내용으로 하는 문서이다. 그래서 전략 기획서는 여러 국면을 다각적으로 심층 검토한 내용을 담아서 분량이 길고 종합적 성격을 갖는다.

이에 비하여 전술 기획서는 전략 기획서와 포괄하는 범위와 시행 단계상에서 차이가 있다. 전략 기획서의 전체 내용을 어떻게 구체적으로 실행할 것인가라는 세부적 방법을 표현하는 것이 전술 기획서가 될 수도 있지만, 실제는 전체 기획서를 구성하는 하위 단위들 가운데 어느 항의 정책을 실제 어떻게 실행해 나갈 것인가를 말해 주는 것이 전술 기획서이다. 예를 들어 회사가 지속직 발전을 하는데 가장 걸림돌이 된 것이 새로운 사원의 충원 방법이었다면 그 문제의 본질을 짚어보고 해결 방법을 모색하는 전략 계획서가 먼저 마련된다. 그리고 이런 전략 기획서와 연관하여 실체 실천 방안을 구체적으로 찾아서 바로 실행할 수 있는 계획서를 작성하면 이것이 전술 기획서이다. 예를 들면 전술기획서에는 회사가 마련한 지필시험과 심층면접을 통하여 사원을 선발하되 지필시험은 서술식이냐, 단답식이냐, 답지 선택식의 객관식이냐를 결정하고, 어느 하나 또는 두세 가지 방법을 병행한다면 그에 따라 문제 출제의 방향이나 내용 등을 상세하게 포함하여 나타낸다. 그리고 사원 모집을 알리는 방법도 사전에 정할 필요가 있다. 그래서 전술 기획서에는 신문 광고 가운데 전국지, 지방지의 선택, 방송사의 취업란을 확보하거나 회사 선전을 하면서 거기에 사원 모집의 구체적 방안을 보여 주어야 한다. 또한 이 일은 누가 담당하고 계획에 근거하여 무엇에 치중하고 준비를 하는 등의 구체적 대비 내용이 상세하게 표현되어야 한다.

기획서는 국가, 사회단체, 기업, 회사 등의 단위에서 작성이 될 수 있는데 그 집단 내의 것이냐 집단 외의 것이냐에 따라 내적 기획서와 외적 기획서로 나눌 수 있다. 또한 영역이나 일의 종류에 따른 기획서가 있을 수 있다. 회사나 어떤 관공서의 하부 분과에서 각 분과별로 기획서를 만들 수 있고 시행하는 일의 종류에 따라 기획서를 만들 수도 있다. 물건 생산에 대한 기획, 판매 촉진을 위한 광고 기획, 제품의 완성도를 높이기 위한 사원 재교육과 관련한 기획, 가장 구체적 수요 예측을 위한 소비자 수요 관련 기획 등 분야별, 사건별 기획서가 작성될 수 있다.

지금까지 기획서의 개념과 종류 등을 살펴보았는데 이제부터는 기획서를 작성하는 방법을 알아볼 차례이다. 먼저 기획서를 작성하려면 기획서의 구성을 정확히 알아야 한다. 첫째, 기획서의 내용의 서두에는 기획서를 쓰고자 하는 대상의 현황을 분석하고 거기에 내재한 문제점을 겉으로 끌어내서 가시화하는 내용이 들어가야 한다. 기획서의 다음 부분은 기획서를 작성하는 근본적 목적을 체계적, 유기적으로 명시하고, 다음 단계는 현황 파악과 문제 발견을 바탕으로 확립한 목적을 어떻게 실천으로 옮길 것인지에 대한 전략을 제시하고 끝으로 전략을 실제 실시할 계획을 제시하는 순서로 기획서의 내용을 구성한다.

기획서의 기본 구성을 마쳤으면 기획서를 쓰기 위한 실제 활동으로 들어가야 한다. 기획서가 어떤 문제에 대한 자신의 새로운 생각을 정리한 것이라고 했는데 기획서를 쓰기 위해서 가장 먼저 해야 할 일이 글을 쓸 때 무엇 즉 어떤 문제에 대하여 글을 쓸 것인가이다. 그리고 그 문제가 실제 어떠하다는 것을 알아야 한다. 이것은 바로 기획서의 주제를 설정하는 관건이다. 기획서를 쓸 때 대상으로 삼을 문제는 쓰는 사람이 스스로 찾아낼 수도 있고, 다른 사람이나 기관, 단체, 기업 등에서 직접 제시할 수도 있다. 자발적으로 기획서를 쓰거나 제시된 것을 가지고 기획서를 쓰거나 문제와 관련된 제반 사항을 알아야 한다. 그러기 위한 첫 단계는 이것이 무엇에 대한 문제이고 그 무엇의 본질은 어떤 것인가를 알아야 한다. 아는 것은 그 분야 전공자로서 바로 알 수도 있으나 기획서를 작성해야 할 정도면 문제가 그렇게 단순하지 않으며 기존의 일반적 문제가 아닐 가능성이 높다. 그래서 여기에는 문제의 본질을 이해하기 위한 다양한 노력이 필요하다. 관련 서적을 수집하여 읽고 분석할 수도 있고 현장을 방문하여 현장의 상황을 조사할 수도 있다. 문제가 발생한 일의 구체적 문맥을 관련된 여러 다른 상황과 연관하여 파악할 필요가 있다. 그래서 문제가 발생한 분야나 대상에 대한 지식을 확보하여 해결의 길까지 모색해야 한다.

문제의 본질을 알았다면 다음은 해결 방법을 개발해야 한다. 해결 방법은 문제의 해결에 그치지 않고 새로운 활로를 여는 연장선상에 있어야 한다. 해결 방안은 실행 가능성을 반드시 갖추어야 한다. 예산이 부족한 상황에서 예산만 많이 투입하면 해결될 수 있다는 식의 실현 불가능한 방안을 제시하는 것은 의미가 없다. 기획서가 실효성을 가지려면 예산을 확보할 구체적이고 가능한 방안도 거기에 당연히 포함되어야 한다. 해결 방안의 세부 내용도 반드시 더 갖추어야 한다. 예를 들어 제품의 완성도를 높여 상품성을 제고하려고 할 때 완성도와 상품성이 저조한 이유가 어디 있으며 그것은 어떤 방향으로 해결해야 할지를 살펴야 한다. 여기에 연관하여 예상되는 문세는 지금 제품을 만드는 기계의 낙후성, 기계를 조작하는 인력의 미숙련성, 작업량 대비 인력의 부족, 물리적 작업 환경의 미비함, 종사자에 대한 경제적 보상의 열악함 등 매우 다양하게 나타날 수 있다. 이런 몇 가지 문제가 동시에 관련돼 있을 수도 있고, 혹은 한 가지가 문제일 수도 있다. 그렇다면 여러 문제가 상호 악영향을 끼쳐 악순환을 반복하는 문제의 유기적 특성을 파악해야 한다.

한 가지만 문제일 때도 이 문제만 치중할 것이 아니라 문제가 안 된 다른 부분과 연관하여 이 한 가지 문제의 본질을 파악해야 한다. 이와 같이 문제의 소재, 성격을 정확하게 파악하는 일은 바로 문제를 해결하는 방안으로 이어질 수 있다. 문제를 막연하게 알고 있을 때에는 해결 방안이 구체적으로 떠오르지 않지만 문제 자체와 문제와 관련된 여러 변수를 유기적으로 이해하고 나면 문제의 근원과 본질을 알게 되어 자연스럽게 해결 방안도 세부적이고 구체적으로 떠올라 실행 가능성이 높아진다.

그래서 해결 방안은 문제를 근본적으로 해결할 수 있어야 하며 실행 가능해야 하며, 실행 방법과 실행 계획이 유효 기간 안에서 나와야 하며 특히 이를 실행하는 데 소요될 것으로 예상되는 가능한 정확한 예산을 산출해야 한다. 예산 문제는 기획서를 실행할 가능성을 판가름하는 중요한 요소이기 때문이다. 여기에는 최소한의 비용으로 최대한의 성과를 낼 수 있는 경제적 효과를 가져올 수 있어야 한다. 그리고 이왕이면 다홍치마라고 기획서를 받는 측에서 흥미와 관심을 가지는 내용을 갖추면 더욱 좋다. 일단 기획서를 채택하는 당사자의 관심을 끌지 못하면 기획서가 아무리 좋아도 쓸모 없게 되기 때문이다. 기획서 작성 과정에서 여기까지가 기획서 작성에 필요한 주제를 설정하는 일이다. 처음에 막연하게 무엇에 대하여 기획서를 작성할까라는 데서 출발하여 이를 구체적으로 잡아나가서 구체적 주제 즉 문제의 정확한 인식과 다각도의 실행 가능한 해결 방안을 차원별로 찾아내어 항목화하고 구체화하는 일이 중요하다.

　　다음 단계는 기획서 작성을 위해 필요한 자료의 수집과 정리를 하는 단계이다. 어떤 글을 쓸 때도 마찬가지지만 자료는 몇 가지 조건을 충족해야 한다. 먼저 기획하는 의도를 뒷받침하는 자료를 수집해야 한다. 해결방안을 제시할 때 왜 그것이 해결 방안이 될 수밖에 없는지를 충분히 뒷받침해야 하는 것이 자료가 갖추어야 할 첫째 조건이다. 그리고 또 중요한 것은 주장을 뒷받침하더라도 사실이 아닌 것은 자료가 될 수 없다. 사실이 아닌 자료를 근거로 주장을 세운다면 자료의 허위가 들어나는 순간에 거기에 근거한 주장은 바로 무너지기 때문이다. 이 두 가지 조건을 만족하면서 자료는 대표성, 전형성을 가지고 있어야 한다. 자료는 곳곳에 산재해 있기 때문에 기획의 방향을 정할 때 이 모든 자료를 사용할 수는 없다. 그래서 이 자료는 관련 다른 여러 자료도 다 포괄할 수 있는 대표성, 전형성이 있으면 주장을 뒷받침하는 힘이 더 강해진다. 이런 세 가지 조건을 만족하면서 하나 덧붙인다면 자료가 기획을 요구하는 기관에 호감을 얻을 수 있는 것이면 더 좋다. 그러기 위해서 자료는 시사성이 있거나 해결이 시급한 문제를 잘 부각하고 해결 방향도 분명하게 나타낼 필요가 있다.

　　이상의 조건에 부합하는 자료를 충분히 확보하고 나서는 자료를 기획서 작성에 편리하게 정리할 필요가 있다. 사료 정리는 우선 종류나 유형별로 해야 한다. 생산 제품의 불량을 줄이기 위한 해결 방안을 뒷받침하는 자료를 무작위로 모았다면 앞에서 말한 대로 제품 생산 기계 관련 자료, 인력의 숙련도, 인력의 부족, 생산 담당자들의 사기나 보수 수준 기타 관련 사항과 관련하여, 무작위로 수집한 자료를 이와 같은 유형별로 나누어 같은 유형 내에서 위계화를 시켜 봐야 한다. 다음은 자료를 유형별로 분류한 뒤에 자료의 중요도에 따라 자료를 나눌 필요가 있다. 핵심적 자료는 반드시 앞에 내세우고 경우에 따라 사용할 수도 있고 버릴 수도 있는 중간 정도의 자료는 다음으로 돌리고, 소용없는 자료는 아예 버려야 한다.

지금까지 기획서 작성을 위한 기획의 일반적 주제를 설정하는 데서 출발하여 구체적 주제를 수립하고 나서 문제를 파악하거나 해결 방안을 수립하기 위한 자료를 수집하고 정리하는 방법에 대하여 알아 보았다. 다음은 기획서의 실제 개요를 작성할 단계이다. 이 단계에서는 먼저 기획서 작성의 전과정을 사전에 설계해 보는 구상이 필요하다. 즉 구상이란 글의 주제가 잘 드러나도록 설계를 하는 것이다. 개요를 작성하기 전에 먼저 구상을 하면 이로운 점이 있다. 첫째, 구상을 통하여 글의 각 문단들을 주제에 긴밀하게 연결하여 글의 유기적 연결성과 통일성을 유지할 수 있다. 구상 없이 바로 집필을 하다 보면 순간적으로 좋은 생각이 떠오르면 그 생각에 끌려가서 작성하고자 하는 기획서 전체 흐름에서 이탈하는 일이 벌어질 수 있다. 아무리 좋은 생각이 떠오르더라도 지금 쓰고자 하는 기획서의 주제에 벗어나는 것은 구상 과정에서 가차 없이 걸러내야 한다. 둘째, 구상을 거침으로써 기획서에 담아야 할 내용을 상위 항목에서부터 아래 세부적 내용에 이르기까지 해당 내용을 모두 떠올려 더욱 깊이 생각할 수 있다. 기획서 주제를 설정하는 데서부터 개요를 작성하는 데로 오는 것은 구체화의 과정이다. 막연하고 포괄적인 주제를 시작으로 구체적인 주제를 설정하고, 이를 뒷받침할 핵심 개념이나 여러 가지 자료를 수집하고 정리하면서 생각은 점점 넓게 깊이 진행된다. 개요를 작성하는 데에 이르면 이런 생각들을 차례 지우고 앞뒤의 순서나

상하 위계를 정확하게 수립할 수 있다. 개요 작성의 과정에서 중요하면서 빠진 것을 떠올릴 수 있다. 상위 항목들이 빠짐없이 정리되고 나면 각 상위 항에 반드시 들어가야 할 하위 상세 항목으로 생각을 심화해 나가야 한다. 개요를 작성하지 않으면 주제를 떠올리는 정도에서 생각이 맴돌고 진행되지 않는다. 생각한 만큼을 체계적 개요로 작성하다 보면 상호 연관시키면서 빠진 상위 항을 찾아낼 수 있고, 자연스럽게 상위 항 아래에 반드시 거론해야 할 하위항도 떠올리게 된다.

구상을 마치고 나면 구성을 해야 된다. 구성은 구상에 의해 얻어진 글의 짜임을 말한다. 구성의 일반적인 틀로는 전개적 구성과 종합적 구성이 있는데 전자에는 시공간 순서에 따른 자연적 구성이 있고, 후자에는 삼단, 사단, 오단 구성과 열거형, 점층형 등의 인위적 구성이 있다. 기획서의 경우에는 일상생활의 일부를 기록하는 수필이나 기행문, 이야기, 편지 글과 달리 상대를 설득해야 하기 때문에 논리성과 타당성 등의 성격을 갖추어야 한다. 그러기에 적절한 구성이 바로 인위적 구성 방식이다. 작성자가 자기가 파악한 문제와 해결 방안을 그가 의도한대로 표현할 수 있는 것이 인위적 구성 방법이다. 인위적 구성의 특성이 논리성, 합리성, 체계성을 바탕으로 상대를 설득하려는 것이기 때문에 논리성과 합리성, 체계성을 구현하는데 필요한 인위적 구성 가운데 주제 구현에 가장 편리한 구성 방식을 선택하면 된다.

개요란 구상을 통하여 얻어진 글의 구성을 간단히 기록한 것이라고 할 수 있다. 개요를 작성할 때에는 다음 사실에 특히 유의해야 한다. 첫째, 기획서 주제를 드러낼 항목들을 열거하고 이들이 어떤 관계를 맺는지 찾는다. 주제를 구현하는 데 필요한 핵심 개념을 반드시 모두 확보하여 상위 항목에 배치하여야 한다. 그리고 구안한 핵심 상위 항목들을 같은 위계상에 놓고 이들이 상호 맺는 관계 질서를 파악해야 한다. 이것은 기획서를 실제에 적용하려 할 때 일의 순서나 성격을 알려주어 제대로 적용할 수 있게 하여 주기 때문이다. 둘째, 각 상위 항들에 포함될 하위 세부 내용을 구안하고 이를 드러낼 보기, 인용, 증명 등을 준비한다. 즉 기획서 내용의 핵심 상위 항목을 모두 찾고 나면 각 항목에서 거론해야 할 하위의 중요한 사항들을 모색해야 한다. 이것은 실제 기획서를 실행에 옮길 때 반드시 알아내야 하는 것들이다. 그래서 개요에는 핵심 상위 항목이 모두 열거되고 나면 반드시 각 상위항에 들어가야 할 핵심 세부 항들을 모두 찾아야 내야 하는데 개요를 작성하면 심화의 사고 과정을 통하여 매우 쉽게 기획서의 내용을 완결할 수 있다. 셋째, 구성의 여러 가지 일반적 종류 가운데서 작성하고자 하는 이번 기획서에 알맞은 구성 방식을 골라 내용을 배치한다. 문제의 내용을 원인과 결과, 문제 제기와 해결 방안의 제시와 같은 내용을 가지는 기획서의 개요는 삼단, 사단, 오단 구성 등 크게 봐서 서론, 본론, 결론의 기본 형식의 개요를 사용하면 좋고 여러 가지 대등한 해결 방안을 제시해야 할 경우에는 열거형과 같은 구성 방식이 편리하다.

개요 작성이 끝나고 나면 이번에는 집필의 단계이다. 먼저 기획서의 제목은 글의 성격이나 내용을 잘 나타내야 하며 기획서를 받는 기관에 깊은 인상을 주는 것이어야 하기 때문에 매우 신중하게 결정해야 한다. 물론 기획서의 의도나 구성 방식과 관련하여 그 성격에 부합하는 제목을 정할 필요가 있다. 기획의 의도와 목적, 핵심 내용이 담긴 간단명료한 제목을 잡는 것이 바람직하다. 그런 제목이라야 기획서를 요구하는 측의 인지도를 높일 수 있고 호감도 얻을 수 있기 때문이다. 그리고 모든 문단이 그러해야 하지만 특히 첫 문단과 마지막 문단은 신중을 기해야 한다. 기획서 요구자에게 분명한 첫인상과 문제 해결력, 실행 가능성 등에 대한 확고한 신뢰를 남길 수 있는 부분이기 때문이다. 이외에도 집필하는 데에서 반드시 고려해야 할 사항이 몇 가지 더 있다. 첫째는 이유 없이 어려운 한자나 생소한 외래어를 피해야 한다는 것이다. 언어는 의사를 분명히 전달하기 위한 것인데 필요하지 않은 난해하고 생소한 말을 사용하여 이해를 방해해서는 안 된다. 분야마다 거기에서 사용하는 필수적인 전문 용어는 있을 수 있는데 이런 경우에는 당연히 그 핵심 전문 용어를 써야 의미 전달을 보다 분명하게 할 수 있다. 여기서 지적하는 생소하고 난해한 말이라는 것은 단지 기획자 스스로 친연성이 있거나 습관적으로 즐겨 쓰는 용어로서 다소 현학적이기까지 하나 필수적이지 않은 말을 뜻한다. 둘째는 나이나 시간 등의 숫자나 열 이하의 수라도 아라비아 숫자로 표기하여 수치가 눈에 잘 띄게 하는 것이 좋다. 일반적 글쓰기에서는 두 자리 이하의 숫자는 우리말로 적는 것이 필요하지만 기획서에서는 그 성격상 아라비아 숫자를 정확하게 써 주는 것이 좋다. 셋째는 구어체와 같이 조사나 어미 등 지나친 생략을 해서는 안 된다. 간단하고 명료한 표현을 위하여 긴 서술어를 줄이고 요약하는 것이 필요하지만 기획서는 문제에 대한 진단과 해결 방안, 새로운 발전 방안 등 기관이나 단체가 그것을 실제로 실행해야 하는 성격의 실용문이기 때문에 내용이 정확하지 않고 애매하면 전혀 잘못된 방향으로 일이 진행될 수 있다. 그래서 간결하고 분명하게 서술하되 변별을 요구하거나 어감의 차이 등을 분명히 부각하여 문서를 작성할 필요가 있다. 바로 여기에 조사나 어미를 신중하게 사용해야 하며 당연히 생략을 너무 많이 하여 두 가지 이상의 해석이 가능하게 해서는 안 된다. 이것이 조사나 어미와 같은 문법 요소를 지나치게 생략해서는 안 되는 중요한 이유이다.

　이렇게 집필을 통하여 초고가 완성되면 여러 각도에서 수정 보완을 거쳐야 한다. 기획서 초안을 검토할 때 특히 단어의 적절성을 엄격히 살펴야 한다. 내가 의도한 의미를 이 단어가 정확하게 표현하는지를 검토해야 한다. 애매한 단어를 사용하면 기획서 요구자를 이해시켜 설득할 수 없고 설령 받아들여지더라도 이를 실행에 옮기는 과정에 혼선이 빚어질 수 있다. 기획서의 성격이 구체적 문제를 해결하고 새로운 방향을 제시하는 글이기 때문에 적확한 단어를 사용해야 그런 본래 목적을 달성할 수 있다. 다음은 문장 단위에서 문법성을 들 수 있다. 문법은 어려운 문법 이론을 말하는 것이 아니다. 우리말이 가지고 있는 기본적 어법에 맞게 문장을 구사해야 한다는 것이다. 우리말은 서법상으로 평서문, 의문문, 감탄문, 청유문, 명령문이 있고, 구성상으로는 홑문장과 겹문장의 크게 둘로 나누고 겹문장에는 다시 이어진 문장과 안은 문장이 있다. 이어진 문장에는 대등하게 이어진 문장, 종속적으로 이어진 문장이 있다. 안은문장에는 명사절, 서술절, 부사절, 관형절, 인용절이 있다. 서법상, 구성상 우리말 문장의 종류를 정확히 알고 이를 자유롭게 부려 쓸 수 있는 능력을 갖추어야 한다. 이것은 우리말의 어법에 맞게 문장을 쓰고 말한다는 뜻이다. 이와 같은 기본 문법에 충실할 때 의미를 정확하게 전달할 수 있다. 여기서 가장 기본이 주어와 서술어의 호응을 제대로 지키는 일이다. 이 두 요소는 성격에 따라 서로 잘 어울리는 것이 있고 어울릴 수 없는 것이 있다. 이를 면밀히 검토하여 사용해야 의미를 정확하게 전달할 수 있다. 그리고 문장은 안은 문장과 같은 복합문을 피하고 홑문장과 같은 짧은 문장을 주로 구사하면 의미가 더 분명해진다. 그래서 우리말 문장 구사의 기본 능력을 탄탄히 길러야 한다.

다음은 단락이 완결성을 갖추었는가를 검토한다. 글 전체에 주제가 있듯이 전체 글을 구성하는 각 단락은 단락의 주제, 즉 소주제를 가지고 있다. 그런데 단락은 소주제만으로 구성되지 않는다. 소주제는 그 단락에서 필자의 주장, 즉 논지이다. 하나의 단락에 이런 주장만 있고 주장을 왜 하는지 근거가 없으면 상대를 설득하기 어렵다. 그래서 단락에는 소주제인 논지와 함께 이를 뒷받침하는 논거가 있어야 한다. 이와 같이 논지와 논거를 적절하게 어울러 논의를 논리적으로 전개해야 한다. 이와 같이 주장과 자료, 달리 말해서 논지와 논거가 유기적으로 잘 갖추어진 것을 완결성이라고 한다. 중요한 주장을 하기 위해서는 이를 뒷받침할 필요하고도 충분한 자료를 제시하여 논의를 전개하여 주장의 타당성이나 합리성을 드러내야 한다.

가장 큰 당위인 전체 기획서의 통일성, 전체 내용의 충실성 등을 검토해야 한다. 통일성이나 일관성은 같은 의미인데 기획서가 말하고자 하는 주장이 하나로 일관되어야 한다는 것이다. 예를 들어서 알콜 중독을 치료하는 기관에서 술의 해로움을 여러 측면에서 증명하고 사람들에게 술을 줄이거나 끊게 만드는 내용의 구체적인 기획서를 만든다고 가정하면 술을 줄이거나 금주에 이르게 하는 다양한 내용들을 가져와서 주장을 전개해야 한다. 그럴 리는 없지만 술과 관련한 건강 회복의 방안을 말하는 기획서에서 여행에 대하여 말하거나 특정 술이 건강에 좋다는 식의 엉뚱한 주장이 사이에 끼어 들면 전체 글의 주제가 혼선을 빚게 된다. 술이 가져 오는 문제를 성별, 연령별, 음주 습관별, 음주 기간별, 음주 방법별, 술의 종류별 등 다양한 관점에서 밝히고 이를 해결하기 위한 방법 역시 거기에 맞게 다양하게 개발하여 제시한다면 알콜 중독의 치료하는 기관에 제출하는 기획서로서는 매우 좋은 것이 될 수 있다.

단어, 문장, 단락, 글 전체의 수준에서 필요 요건에 따라 퇴고를 진행하면서 동시에 띄어쓰기나 맞춤법 등의 기본적인 규칙을 지키고 있는지도 검토해야 한다. 우리말 어법을 가볍게 생각하는 경우가 있는데 기획서의 경우에는 이것이 바로 실행으로 옮겨질 실용적 성격을 가지는 것이기 때문에 우리말 기본 어법을 지키지 않으면 한 글자로도 실행상의 문제를 유발할 수 있다. 그리고 이보다 먼저 기획서 요구자에게 이런 기본이 지켜지지 않은 문건은 거절당할 수가 있다. 기본에 충실해야 하는 이유가 이런 데에 있다고 하겠다.

퇴고는 반드시 글을 모두 쓴 뒤에만 이루어지는 것이 아니다. 글쓰는 중간 단계에서도 그때그때 이루어질 수 있다. 일단 집필에 들어간 뒤에 이미 써 놓은 글은 수시로 고쳐야 한다. 초고를 써 가는 과정에 앞부분을 쓸 때에는 몰랐던 것을 뒷부분으로 나가면서 문제를 새롭게 발견하는 경우가 많다. 처음 의도한 글의 방향이 실제 집필을 하면서 자료를 더욱 세밀하게 분석하게 되고 논의를 진행하면서 단락과 단락의 관계나 글 전체의 일관성, 균형 등을 한 눈에 조망할 수 있어서 고쳐야 할 부분을 더 분명하게 발견할 수 있다. 그래서 초고를 작성하는 중간 과정에도 수시로 이미 작성한 앞부분의 글을 교정하고 손을 보면서 나가야 한다. 초고가 일단 완성되고 나면 앞에서 설명한 대로 띄어쓰기나 맞춤법의 규칙을 전체적으로 제대로 지켰는지 점검을 하고 수정하여 오류를 없애야 한다. 이 과정에서도 당연히 전체 내용의 문제를 발견하게 되면 단어, 문장을 비롯한 상위 단위 표현까지 고쳐야 한다. 띄어쓰기와 맞춤법의 기준에서 기본적인 사항을 교정하고 어법에는 맞지만 전체 내용이 자기의 의도를 잘 구현하고 있는지를 거듭 살피고 고쳐나가야 한다. 이 때 교정은 반드시 낮은 단위에서 높은 단위로 이루어지는 것은 아니다. 이것은 거의 동시적으로 이루어진다. 단어를 보면서 문장을 보게 되고 단락의 균형을 살피게 된다. 전체 글은 단락 교정까지를 진행하면서 내용의 충실성이나 균형, 일관성을 살피고 더욱 전체 글 자체의 내용을 통괄해서 살펴보아야 한다. 전체 글을 살펴보면서 다시 이를 지지하고 있는 단락이 제대로 역할을 하는가를 하향적으로 검토하여 교정을 해야 한다.

교정을 하다 보면 고심해서 쓴 글을 삭제하기가 쉽지 않다. 그 부분을 쓰기 위해서 자료조사, 문장 서술 등 많이 공을 들였기 때문이다. 그러나 해당 부분이 전체 글에서 균형을 해치고 일관성에 벗어난 것이면 아무리 아까워도 가감하게 삭제해야 한다. 그래서 교정에서 빠진 내용을 보충하는 추가의 원칙, 불필요한 내용을 제거하는 삭제의 원칙, 표현이 혼란한 것을 바로 잡는 수정의 원칙을 반드시 구사해야 하는 것이다. 그리고 퇴고의 시간은 정해 져 있지 않다. 최종 보고를 앞둔 시간에도 할 수 있으면 계속하는 것이 좋다. 자기가 작성한 기획서의 완성도를 높일 뿐 아니라 정리가 덜 됐거나 잘 못 알고 있던 내용도 이런 과정에서 발견하고 고칠 수 있는 기회를 잡을 수 있기 때문이다.

그리고 교정은 초고를 쓰면서 혹은 쓰고 나서 바로 이루어지지만 그 글을 열심히 쓰다가 보면 자기 생각이나 논리에 빠져서 자기가 쓴 글의 문제점을 발견하지 못하는 일이 발생한다. 이 때 필요한 것이 원고를 묵히는 것이다. 초고를 써서 최대한 퇴고를 한 뒤에 글을 덮어 두는 것이다. 일정한 시간 동안 그냥 두었다가 기획서를 다시 보면 그전까지 보지 못했던 문제점을 다시 발견할 수 있다. 자기 글이지만 시간적으로 객관적 거리를 두고 읽을 수 있어서 원고 묵히기는 글을 퇴고하는 데에 아주 유용한 방법이다. 원고를 묵혀 두는 동안에 중요한 내용이 새로 떠오를 수도 있고, 잘못 생각한 것을 발견할 수도 있고 이 둘이 아니라도 전체 글을 더 정교하게 퇴고할 수 있는 여유를 가지게 된다. 이와 같이 원고 묵히기의 시간까지 확보하려면 실제 글을 아주 여유 있게 작성해야 한다.

2 보고서의 작성 방법

보고서는 정확성을 생명으로 삼는 글로서 어떤 일의 현황이나 경위, 문제점, 예상 결과 등에 대하여 논리적으로 정리하여 표현한 사실의 정확한 보고를 위한 문서이다. 보고서는 구체적으로 무엇을 보고하는가에 따라서 여러 가지가 있을 수 있다. 실험을 통해서 얻은 결과를 보고하는 실험 보고서, 사건의 진행과정과 결과를 보고하는 사건 보고서, 식물이나 생명체의 배양을 살핀 내용을 담은 관측 보고서, 생물이나 광물 등 자료를 채집한 결과를 보고하는 채집 보고서, 학술 답사의 결과를 보고하는 답사 보고서, 대학에서 과제물로 학생들이 제출하는 과제 보고서 등 다루는 일이나 상황마다 보고서는 매우 다양하다.

　보고서의 기본 성격과 작성의 방법에 대하여 살펴보고자 한다. 구체적으로 언급하겠지만 보고서의 최소한의 조건은 정확한 사실을 내용에 담고 있어야 한다는 점이다. 사실에는 반드시 핵심 내용이 있어야 하고 그 핵심 내용의 근거를 제시해야 한다. 일상의 생활이 사실에 대한 자기의 이야기와 이 이야기의 진실성을 끊임없이 말하고자 하는 과정으로 볼 수도 있어서 사람은 누구나 최소한의 의미에서 평생 동안 보고서를 쓰면서 살아간다고 할 수 있다.

　일상생활에서 자연스럽게 인간이 습득한 논리의 훈련을 구체적 학문 분야에서 조직적이고 체계적이며 집중적으로 실행하는 과정에서 본격적인 의미의 보고서는 나타난다. 그러면 본격적인 의미의 보고서를 왜 쓰는가? 보고서는 인류 문명의 발전을 돕는 가장 편리한 방법이라고 할 수 있다. 그래서 보고서를 써야 할 구체적인 시기는 중요한 사실인데 이를 아직 아무도 모르고 있을 때, 많은 사람들이 이 문제에 대하여 알고 있지만 잘못 알 고 있거나 보고가 진행되는 과정에 있어서 보완적, 보충적인 보고가 더 필요할 때 등이라고 할 수 있다. 다음은 보고서가 갖추어야 할 필수 조건에 대하여 살펴보고자 한다. 보고서를 말하기 위하여 이를 더욱 진전시킨 글이라고 할 수 있는 논문의 조건을 말하고 여기에서 보고서의 조건을 도출하고자 한다. 논문에 대한 언급은 시대와 개인에 따라 다양하게 이루어지고 있다. 그 가운데 특히 주목을 끄는 미카엘 카츠(M. J. Katz)의 경우를 보면 『과학 논문의 요소』(Elements of the Scientific Paper, 예일대출판부, 1985)에서 과학 논문도 산문처럼 자기의 의사를 전달하는 데 목적을 둔 것인 만큼 같은 값이면 시처럼 매끄러운 형식을 지닐 필요가 있다고 하면서 학술 논문의 특징을 세 가지로 정리했다. 첫째, 학술 논문은 특별한 형식을 갖추어야 한다. 둘째, 학술 논문의 언어와 문체는 수학적 논리를 고급스럽고도 부드럽게 공식화한 흔적을 드러내어야 한다. 셋째 학술 논문은 간행되어야 한다. 이러한 내용은 학술 논문의 구성요소가 형식, 언어, 간행으로 되어 있음을 표현한 것이다. 이 가운데 형식과 간행이 논문의 객관적 요소라면 언어는 논문을 작성하는 주체적 요소라고 할 수 있다. 논문이 갖추어야 할 몇 가지의 조건 역시 이와 관련된 것이다.

논문이 갖추어야 할 필수 조건을 몇 가지 들어 보면 다음과 같다.

첫째, 학술논문은 독창성(獨創性 originality)을 가지고 있어야 한다. 새로움, 독창성은 논문의 생명이다. 모든 논문에는 창의성, 창작성이 나타나야 한다. 그러기 위해서는 새로운 연구 자료를 대상으로 연구를 진행시키거나 새로운 사실을 발견해 내야 한다. 연구대상이 같다면 적어도 새로운 학설을 발표하여야 하고 연구방법을 새로이 개발하거나 새로운 연구 결과를 도출해 내야 한다.

둘째, 학술논문은 정확성(正確性 accuracy)을 가지고 있어야 한다. 정확성은 논문이 가지는 객관성이라는 성격과 관계된 내용이다. 객관성은 제 삼자가 그 내용을 합리적이라고 인정할 수 있는 근거를 갖춘 것이라고 할 수 있는데 이러한 객관성이 상당 부분 정확성에서 나온다. 모든 논문의 요소가 정확해야 하지만 그 중에서도 가장 정확성을 요하는 요소는 먼저 참고 자료, 근거 자료이다. 연구를 진행시키는 데 필요한 근본 자료가 잘못되었을 때 그 위에서 이루어진 연구는 이미 그 본래의 대상에 대한 연구가 아니기 때문에 논문으로서 가치를 잃게 된다. 그리고 외부적 자료는 물론이고 논의의 과정에서 사용하는 단어와 문장에서 정확성을 기해야 한다. 단어는 나름대로의 의미망과 함의를 가지고 있기 때문에 문맥과 의미에 맞는 적확한 단어를 사용해야 한다. 그리고 문장에 있어서도 주어와 서술어, 수식어와 피수식어의 관계를 분명하고 정확하게 연결하여 모호한 문장, 복잡한 문장을 쓰지 말아야 한다.

셋째, 학술 논문은 그 서술이 객관적(客觀性 objectivity)이어야 한다. 단순하고 주관적인 의견이나 생각을 그대로 나타내서는 안 된다. 따라서 "나는 이렇게 생각한다. 나는 그렇게 믿는다. 나는 이렇게 느낀다."는 등의 주관적 표현은 하지 말아야 한다. 그리고 논자가 의견을 제시하는 과정에서 남의 의견이나 논의의 도움을 받게 되는데 이 때는 자기의 주장과 남의 주장이 분간되도록 서술해야 한다. 남의 주장을 인용할 때에는 반드시 그 출처를 밝혀서 참고 문헌이나 인용 자료가 객관적으로 드러나도록 해야 한다.

넷째, 학술 논문은 불편성(不偏性 impartiality)을 가지고 있어야 한다. 논문은 어떤 편견이나 감정, 선입견으로부터도 자유로워야 한다. 특정한 학설이나 입장에 집착함이 없이 공정하고 보편타당한 태도로 진리를 추구하는 입장이 논문의 바탕이 되어야 한다. 따라서 현실적으로 개인의 이익에 어긋나거나 논문의 입장과 거리를 갖는 주장이나 학설에 대해서도 공정하게 그 장단점을 거론하여 가장 타당한 주장, 진리, 진리의 근사치를 탐구해 나가도록 해야 한다.

다섯째, 학술 논문은 재현성(再現性 reproducibility)을 가지고 있어야 한다. 재현성은 특히 자연과학 분야의 논문에서 요구되는 내용으로서 다른 사람이 그 논문의 서술된 방법대로 실험을 해도 같은 결과가 나와야 하는 특성을 말한다. 자연과학 논문은 본인은 물론이고 필요에 따라서 남에 의해서도 그 실험이 반복되는 경우가 많은데 실험의 결과가 할 때마다, 하는 사람마다 달라진다면 이러한 실험을 내용으로 하는 논문은 논문으로서의 재현성이라는 가치를 인정받을 수 없다.

여섯째, 학술 논문은 논리성(論理性 logicality)을 가지고 있어야 한다. 논리성은 특히 논의의 과정에서 중시되는 내용이다. 특히 본론에서 논지와 논거를 연결하여 논의를 진행할 때 논리성이 필요하다. 예를 들어 지나친 음주와 흡연이 건강에 해롭다는 논지를 증명하기 위해서는 음주나 흡연으로 건강을 해친 예를 가지고 오거나 각각에 함유된 알코올과 니코틴 성분이 인체에 근본적으로 해로운 작용을 하고 있음을 실험을 통하거나 다른 임상적인 결과를 가지고 증명해 보여야 한다. 그런데 이러한 논의 과정에 어느 특정 술을 예로 들면서 그것은 오히려 건강에 도움이 된다는 말을 한다면 이는 본래의 논지를 흐리게 할 뿐 아니라 그 특정 술을 광고하는 엉뚱한 결과를 가져 오고 만다. 따라서 논지의 타당성을 증명하기 위해서는 그 논지를 보강하거나 반대의 논지를 약화시키는 논거를 가지고 옴으로써 논지와 논거의 유기적인 상관성을 강화해야 한다. 그리고 학술 논문에서의 논리성은 하나의 논지에 하나의 논거의 관계에서만 필요한 것이 아니라 논지와 논지, 다시 말하자면 주장과 주장의 상호간에도 상호 모순이 없어야 한다. 또한 단락과 단락, 크게는 서론 본론 결론의 논문 전체의 논리 전개에 있어서도 비약을 일삼는

다든가 순서를 어기는 등의 비논리, 비합리가 없어야 그 논문은 논리성, 합리성을 가졌다고 할 수 있다.

　이상과 같은 논문의 조건 가운데 보고서는 독창성보다는 정확성이 더 강조되는 글이다. 보고서의 본문은 일반적으로 서론(introductory chapter), 본론(major report of the study), 결론(summary chapter) 등의 세 부분으로 구성된다. 먼저 서론에서는 보고하고자 하는 방향에 있어서의 기존 연구에 대한 검토가 이루어지고 이를 바탕으로 문제를 제기해야 한다. 기존 연구에 대한 검토가 빠지면 이미 연구가 완료되어 더 이상 필요 없는 연구를 되풀이하는 수고와 실수를 하기 쉽기 때문이다. 그리고 보고의 목적과 연구의 방법, 범위 등을 언급해야 한다.

　다음 본론에서 먼저 논제나 문제점에 대한 명백하고 충분한 설명이 있어야 한다. 다음은 보고서 작성 과정에 채택된 자료나 방법에 대한 기술이 있어야 한다. 끝으로 관련된 중요 항목에 대한 모든 사실을 낱낱이 따져야 한다. 여기에서는 중요한 과제 혹은 문제에 대하여 보고자가 발견한 사실과 그 사실의 근거가 유기적으로 연결되면서 나타나야 한다. 객관적 사실이지만 이것은 아직 증명된 것이 아니기 때문에 주장이라고도 할 수 있는데 그래서 이를 달리 논지라고도 할 수 있고 사실에 대한 주장을 뒷받침하는 것은 근거 혹은 자료, 논거라고 할 수 있다. 여기에서 논의란 논자가 사실에 대한 주장을 전개해 나가는 것을 말하는데 주장에 필요한 논거를 제시하고 이를 낱낱이 분석해서 객관적이고 합리적인 결론을 이끌어 내어야 한다. 반대로 먼저 사실에 대한 주장을 제시하고 이것을 논거를 통하여 입증하는 방식이 있을 수 있다. 전자가 귀납적인 방법이라면 후자는 연역적인 방법이라고 할 수 있다. 사전에 누구나 가설을 세우거나 어떤 문제에 대하여 나름대로의 판단을 가지고 있다는 점에서 어느 정도 연역적이지만 실제 논의를 전개하는 과정에서는 귀납적인 방법에 의하여 논의를 진행하는 것이 설득력을 가진다.

본론은 구체적인 논의가 전개되는 곳으로서 최소한 두 가지 이상의 중요한 사실을 포함하게 된다. 하나의 사실에 하나의 주장을 세우고 다양한 자료를 원용하여 양자를 상호 연관시키면서 논의를 전개하게 된다. 사실을 뒷받침하는 근거 자료를 세밀하게 분석함으로써 사실의 주장과 근거 자료 사이에 틈이 생기지 않도록 해야 한다. 양자를 연결하여 논의하는 과정에서 논리적 비약이나 지나친 생략이 없도록 해야 한다. 그리고 논의의 방향은 주제의 범위가 큰 데서 작은 데로 옮겨 가면서 이루어지도록 해야 한다. 관련된 일반적이고 큰 문제를 먼저 해결하고 구체적이고 세밀한 문제를 그 다음에 해명하는 방향이 바람직하다. 필요한 사전 논의 없이 바로 구체적인 논의에 나아가면 이것도 일종의 비약이기 때문에 객관성 확보에 실패할 수도 있기 때문이다. 그리고 논의가 충분히 이루어졌을 때 이 하나의 과제를 중심으로 한 논의 내용은 분량에 있어서 작은 단락에서부터 크게는 하나의 독립된 장이 만들어질 수도 있다. 그래서 논문이 어떤 문제를 다루느냐에 따라서 본문 전체에서 보고서의 본론은 두 장 이상의 많은 부분을 차지할 수도 있다.

모든 글이 그러하지만 보고서는 특히 알기 쉽게 써야 한다. 알기 쉽게 하기 위해서는 문장 자체가 쉬워야 할 뿐만이 아니라 논지 전개에 타당성이 있어야 한다. 그리고 하나의 과제가 해결될 때마다 소결론을 내리고 정리해 두는 것 역시 보고서를 읽기 쉽게 만들어 준다. 물론 소결

론을 보류했다가 전체의 결론에서 요약을 할 수도 있지만 요즈음은 소결
론을 만드는 추세로 가고 있다.

끝으로 결론에서는 보고서 본론 내용 전체를 차례대로 요약하면 된
다. 본론에서는 하나의 과제가 한 단락 혹은 하나의 장을 이룰 만큼 많은
분량을 차지했다면 결론에서는 한 과제에 대한 논의를 몇 줄 정도로 요
약하면 된다. 물론 짧다고는 하지만 반드시 주장과 그 근거가 유기적으
로 제시되어 나름대로의 완결성을 가져야 한다. 각 장에서 소결론을 이
미 내렸으면 이러한 소결론을 묶어서 귀납적으로 전체 결론을 이끌어
내면 된다. 그리고 결론을 쓸 때 얻어진 내용을 너무 과장하여 침소봉대
하는 일이 있어서는 안 되고 겸양의 자세를 가지고 얻어진 객관적인 사
실을 결론에 제시하면 되겠다. 그리고 여기에서 빠뜨릴 수 없는 것은
남은 과제이다. 어떤 보고서이든 제한된 주제를 제한된 범위에서 논의하
기 때문에 모든 문제를 일시에 다 해결할 수는 없다. 따라서 논의과정에
서 새로운 문제가 나타났을 때 이를 밝혀 둠으로써 본인이나 다른 연구
자들에게 연구의 방향을 제시하여 도움을 줄 수 있다.

주석은 보고서의 객관성이나 타당성을 입증하기 위하여 붙이는 풀
이와 설명이라고 할 수 있다. 그 외에도 본문 속에서는 직접 디룰 수
없으나 논의를 보충할 필요가 있을 때, 보고서 여러 부분의 연관성을
나타낼 필요가 있을 때, 남의 도움을 받은 사실을 명시할 필요가 있을
때 주석을 붙이게 된다. 주석은 주석을 두는 자리에 따라 각주와 미주가
있고, 자료 제시의 방법에 따라 완전 주석과 약식 주석이 있다. 각주는
논의가 이루어지는 과정에서 발생한 주석의 내용을 같은 쪽의 아래 부분
에 붙이는 주석이고, 미주는 논문이 다 끝난 맨 뒤에 모아서 붙인 주석이

다. 그리고 완전 주석은 자료의 모든 내용 즉 저자명, 서명, 일련번호, 발행판수, 출판사명, 출판년도, 쪽수 등을 빠짐없이 명기하는 주석이고, 약식 주석은 같은 자료가 반복하여 나올 경우 저자명만 밝히고 나머지는 생략하는 주석을 말한다.

다음 참고 문헌은 논문을 쓰면서 참고했던 모든 국내외 단행본 저서와 논문, 보고서를 맨 뒤에 싣는 자료를 말한다. 각주와 차이점은 제시하는 위치가 다르고 자료의 쪽수를 기록하지 않는다는 것이다. 그런데 요즈음은 참고 문헌에도 그 참고 문헌의 전체 길이를 표시하는 정확한 쪽수를 반드시 표시하도록 하여 신뢰성을 높이도록 요구하는 학회지가 늘어나고 있는 추세이다. 그리고 여러 참고 문헌을 일정한 기준에 의하여 분류하여 기록한다. 먼저 단행본, 논문, 정부문서, 미출판물, 신문, 기타 등으로 분류하고 이 항을 국문과 영문, 기타 외국어의 순으로 배열하되 국문은 저자명의 가나다순, 영문은 저자명의 영어 자모순으로 배열하면 되겠다.

프리젠테이션(presentation)이라고 하면 뭔가 매우 거창하고 특별하며 지금까지 없었던 새로운 일이나 기술과 같다는 느낌이 든다. 그래서 오히려 우리 일상에서 일어나는 다양한 표현 행위나 방법과는 별도의 현상으로 보고 무슨 기술을 익히듯이 따로 많은 노력을 해야 할 수 있는 특별한 일로 받아들이기도 한다. 실제는 그렇지 않다. 이 단어는 '말하다. 제출하다. 나타내다. 보여주다. 소개하다' 등의 다양한 뜻을 가지고 있다. 앞으로 내서 보여준다는 뜻을 가지고 있는 단어이다. 그래서 실제 이 말은 '의사를 표현하다'라는 의미를 가진다. 일반적 의미에서 보면 우리는 누구나 살아가면서 의사 표현 즉 프리젠테이션을 하면서 살아 가는 것이다. 그것이 사적이든 공적이든, 의도적이든 무의식적이든 우리는 우리의 의사를 표현하면서 살아간다. 이제 프리젠테이션은 일상적으로 사용하는 말이 되어서 여기서는 이 용어를 그대로 사용하면서 설명을 이어가고자 한다.

1 프리젠테이션의 개념

　　앞에서 프리젠테이션의 일반적 의미를 살펴 보았다. 광의로는 자기를 나타내는 일체의 행위는 프리젠테이션이라고 할 수 있다. 사적인 대화, 공적인 발표나 토론, 연설 등이 모두 프리젠테이션이고 심지어 우는 아이를 달래는 소리나 아이의 울음 소리조차 프리젠테이션이라 할 수 있다. 이 때의 프리젠테이션은 넓은 의미의 프리젠테이션이다. 즉 의사 표현의 일체 행위, 여기에는 언어가 아닌 동작, 신호까지도 다 포함해서 그 모든 것이 의사를 표현하고 있기 때문에 이를 프리젠테이션이라고 할 수 있다.

　　그런데 요즘 우리가 흔히 말하는 프리젠테이션은 광범한 의사 표현을 다 함의하지는 않는다. 좁은 의미의 프리젠테이션은 청중을 상대로 여러 가지 시청각 기기를 사용하여 화자가 말하고자 하는 특정 내용을 알려 주거나 그 내용을 가지고 설득하며, 가르치고 이해시키는 일체의 행위를 뜻한다. 여기서 알리고 설득하고 가르치며 이해시키는 행위는 자연 발생적인 것이 아니라 매우 의도적이고 조직적이라는 성격을 가진다. 사전에 충분한 준비를 해야 하는 이유도 여기에 있다. 앞에서 말한 제안서나 자기소개, 보고서 등을 단순히 서류로 제출하기도 하지만 필요에 따라서는 이들 문서를 공개 발표해야 하는 일이 있다. 그 외에도 일반 사회에서 사업을 제안하거나 제품을 설명하거나 홍보하고 판매하는 일을 하려 할 때, 또는 사업의 확장이나 기업의 인수합병, 해외 기업의 투자 유치, 우리 기업의 해외 진출, 혹은 기업 진단, 사원 교육 등 프리젠테이션을 해야 할 상황은 무궁무진하다. 매우 현실적이고 중대한 사안을 두고 이루어지는 프리젠테이션은 어떻게 하는가에 따라 그 일의 성패를 좌우하는 매우 중요한 과제라고 할 수 있다.

　　넓은 의미로 보나 좁은 의미로 보나 우리는 아무도 프리젠테이션을 하지 않고는 살 수 없는 시대에 살고 있다. 대학생으로서 보고서나 논문을 발표해야 하는 경우에서부터 졸업을 하고 취업을 위한 자기소개를 할 때, 특정 과제에 대한 계획을 발표해야 하는 일이 일상이 되어가고 있기 때문이다. 마치 외국어를 옛날에는 그 일에 종사하는 일부 특별한 사람만이 사용하는 말이었으나 지금은 누구나 외국어를 적어도 한 두 개 정도는 구사해야 하는 시대가 도래했듯이 프리젠테이션도 몇몇 전문가들만의 전유물이 아니라 현대인 모두가 해야 하고 특히 사회 진출을 앞둔 대학생들은 자신의 진로 개척을 위하여 반드시 프리젠테이션 능력을 배양해 두어야 한다. 누구나 해야 하는 프리젠테이션을 어떻게 해야 하는 지에 대하여 좀더 자세히 살펴보고자 한다.

② 프리젠테이션의 방법

　프리젠테이션을 잘하기 위해서 본인이 가져야할 기본적 태도나 성격을 몇 가지 들어 보고자 한다. 프리젠테이션을 잘 하기 위해서는 가장 기본적 것으로서 삶에 대한 분명한 목표를 가지고 적극적이고 긍정적 사고방식과 태도를 가질 필요가 있다. 이런 사람은 저절로 모든 일에 진지한 관심을 가지며 그 때문에 폭넓은 지식과 여러 전문 분야의 역량을 기르기 쉽다. 이런 기본적 태도를 가지고 자신의 마음과 외모를 잘 가다듬어 가는 습관을 가져야하며 사적으로나 공적으로 자신의 생각이나 주장을 논리적이고 객관적으로 잘 전달하는 능력을 길러야 한다. 발표할 주제에 관련한 풍부한 지식과 창의적 사고를 할 수 있어야 한다. 여기에 각종 첨단 기기를 사용할 수 있는 능력을 길러야 한다. 그리고 청중에 대한 이해도를 높여야 한다. 청중들이 무엇을 요구하고 필요한 것이 무엇인지를 파악할 줄알아야 한다. 그리고 상황이 바뀌었을 때 당황하지 않고 본래 의도한 프리젠테이션을 진행할 수 있는 능력을 확보해야 한다.

　이런 포괄적 바탕 위에 프리젠테이션을 구체적으로 잘하기 위해서는 먼저 좋은 전략을 수립하고 실천해야 한다. 발표자 자신에 관한 것으로서 하게 될 프리젠테이션을 두고 자신감을 가지며 이를 위하여 성공적 결과를 스스로 암시하고 명상을 통하여 어떤 경우에도 흔들리지 않는 내적 평정을 유지하는 훈련을 해야 한다. 다음은 발표할 내용에 대한 확고한 인식과 전문적인 지식, 새로운 안목을 가져야 한다. 여기에 바탕하여 분명하고 자신 있는 말하기를 구현할 수 있도록 연습하고, 주어진 시간 안에 발표하고자 하는 모든 것을 여유 있게 다 표현할 수 있는 방법을 강구해야 한다. 그리고 동원하게 될 기기가 어떤 것이고 이것을 어떻게 조작할 것인지를 먼저 훈련을 통하여 알아 두어야 한다. 또 빠져서는 안 되는 것이 프리젠테이션의 목적과 연계하여 이를 수용하는 사람이 누구인가를 분석하는 일이다. 취업을 위한 자기소개인지, 상품 판매를 위한 선전인지, 새로운 사업 확장을 위한 제안인지 등 목적에 따라 수용자가 다르기 때문에 수용자, 즉 청중에 대한 분석을 먼저 해야 된다. 그들의 요구를 충족시키는 것이 발표의 일차적 목표이기 때문이다. 실제 발표에 들어가기 전에 반드시 사전 총연습을 통하여 프리젠테이션의 문제점을 파악하고 이를 극복하며 가장 쉽고, 흥미 있고 오래 인상을 남기는 발표가 되도록 방법을 강구해야 한다. 발표가 끝나고 질의응답까지도 대비하여 여기에 효과적으로 대응하는 방안을 찾고 준비해야 한다. 전략으로서 발표자 자신의 내면적인 심리에 관한 것과 발표할 주제에 대한 것, 수용자에 대한 것, 효과적 표현과 관련한 말하기와 기기 사용, 질의응답을 통한 마무리의 방법 등에 대한 전략을 수립해야 한다.

프리젠테이션과 관련하여 필수적 구성 요소에 대한 전략을 수립하고 나서는 여기에 따라 철저히 준비를 하는 것이다. 프리젠테이션의 기본 바탕이 되는 원고는 앞에서 제시한 기획서나 보고서를 작성하는 것과 같은 방법으로 진행하면 된다. 발표할 원고를 작성하고 나서 이를 실제 발표하기 위하여 파워포인트에 사용할 자료를 만들어야 하고 여기에 근거하여 실제 청중들에게 나누어줄 인쇄물, 질의응답에 관한 자료, 실제 발표를 하면서 필요한 전자 지휘봉, 사진 자료, 음성 자료, 동영상 등을 철저히 준비한다. 이런 준비가 완료되면 실제로 발표 연습을 해야 한다. 발표장에서 하게 되는 것과 같은 시간과 공간의 제한 환경에서 발표를 해 본다. 이 과정에서 실제 예상하지 못한 여러 가지 문제를 발견할 수 있는데 원고 내용의 문제일 수도 있고, 발표 과정 자체의 문제일 수도 있는데 어느 것이든 문제가 발견되면 이를 과감히 수정하고 보완하여 완성도를 높여야 한다. 프리젠테이션을 하려는 내용이 대형 과제인가, 중형 과제인가, 소형인가, 혹은 사적인 것인가, 공적인 것인가에 따라 마무리하는 기간을 더 여유 있게 둘 필요가 있다. 1주일, 며칠, 하루 정도 이상의 여유를 가지고 최종 점검과 수정 보완이 완료되어야 한다. 실제 발표 현장에서의 순서를 보면 발표자가 소개를 받고 발표를 시작하게 되는데 발표 시작에서 발표할 내용의 개략과 순서를 안내하고 그 서론과 본론, 결론의 순서에 따라 발표를 진행하면 된다. 특히 서론에서는 청중의 관심을 집중하는 여러 장치를 마련할 필요가 있고 본론에서는 서론에서 예고한 중요한 내용을 빠짐 없이 표현해야 한다. 결론에서는 본론의 내용을 정확하게 요약하면서 발표자가 말하고자 한 핵심 내용을 명쾌하게 부각하는 방법으로 마무리를 해야 한다. 그리고 질문과 응답의 시간을 가지고 나서 종료 인사를 한다.

준비해야할 사안 별로 이를 보면 우선 프리젠테이션의 목적을 분명히 수립하고 여기에 따라 무슨 내용을 얼마 동안 말할 것인가에 대한 준비를 해야 한다. 그러기 위해서는 청중인 수용자, 요구자에 대한 분석을 해야 한다. 나이, 성별, 직업, 지위, 경제적 수준, 학력 등을 분석하고 이들 가운데 가장 중요한 대상 인물이 어떤 사람인가를 파악하여 대비를 해야 한다. 자료 수집은 해당 분야의 전문 서적을 중심으로 하되 필요에 따라 같은 분야 전문가, 인터넷이나 대중 매체 등을 통하여 할 수 있다. 여기서 중요한 것은 자료가 너무 오래되어 시사성을 상실했거나 정확하지 않은 것은 곤란하다. 또한 전문성을 의심받는 떠돌아다니는 자료는 피해야 한다. 손 쉽기는 하지만 인터넷에서 근거가 분명하지 않는 자료를 주로 사용하는 것은 발표의 신뢰성을 떨어뜨리는 역효과를 내기 때문에 주의해야 한다. 그리고 필요하다면 메모 카드를 먼저 만들어서 활용하는 연습도 하고 청중을 위한 인쇄물은 발표전에 먼저 나누어 주는 것이 좋다. 그리고 발표자의 복장이 역시 중요하다. 남녀 모두 깔끔한 정장을 하여 공식적인 발표의 무게와 분위기를 연출할 필요가 있다. 영화배우나 패션모델, 대중가수와 같이 너무 티는 복장은 하지 말하야 한다. 이 대중적 인물들은 예술적 표현이 목적이기 때문에 첨단의 복장을 하지만 발표는 예술이 아니라 중요한 일을 수행하기 위하여 하는 것이어서 신뢰성과 진중함을 보여야 하고 이것은 반듯한 정장으로 표현하는 것이 가장 무난하다. 너무 어둡거나 전위적이지 않으면서 밝고 우아하며 무게감을 가지게 하는 복장이면 된다. 나머지는 자연스럽게 정장에 어울리는 신발, 머리 모양을 갖추면 된다.

프리젠테이션의 궁극적 목적은 내가 말하고자 하는 방향으로 나가서 세상의 어떤 일을 성취하는 것이다. 신제품을 개발하거나 새로운 시장을 개척하거나 상대방을 설득하거나 기업을 인수 합병하거나 모든 것을 현실화 되게 하는 것이 프리젠테이션의 종착점이다. 그런데 현실 적용도 우선 내가 한 프리젠테이션이 수용되어야 가능하다. 우선 프리젠테이션은 요구자, 청중, 대중 등 수용자의 인정을 받아 채택이 되어야 한다. 여기에 가장 중요한 것이 수용자의 이해와 호감을 사고 마침내 설득하여 나의 제안이 수용되게 하는 것이다. 수용자의 이해와 호감이 채택으로 이어지게 하기 위해서 프리젠테이션의 내용을 잘 전달하고 좋은 반응을 이끌어 내는 쌍방 소통의 기술이 필요하다.

　그래서 여기서는 소통의 방법에 대하여 몇 가지 중요한 사항을 살펴보고자 한다. 가장 먼저 고려할 사항은 내가 무엇을 왜, 누구에게 말하고자 하는가를 분명히 인식하고 있어야 한다. 그리고 주제에 대하여 상대의 의견을 경청할 수 있는 자세를 가지고 있어야 한다. 명확한 주제를 갖추었으면 다음에는 나타내는 방법을 강구해야 한다. 사람들은 동서고금, 남녀노소를 막론하고 이야기를 좋아한다. 그래서 내가 말하고자 하는 주제를 잘 구현해 보이는 사례를 소개하는 것이 효과적이다. 그러면 누구나 흥미를 가지기 쉽기 때문이다. 그렇다고 사례만 소개하고 이야기를 마치면 사람들을 어리둥절하게 만든다. 그래서 소개한 이야기의 핵심적 뜻이 무엇인가를 정리해주어야 한다. 여기까지 말을 하면 이해가 빠른 청중은 이야기의 의미와 이유를 알아차릴 수 있다. 그러나 짐작한 내용이 맞건 틀리건 사례의 요약과 함께 의미를 부여하는 과정을 반드시 거쳐야 한다. 의미 부여는 청중들에게 무슨 가치가 있으며 현실적으로나 이상적으로 어떤 이득을 부여하는가를 깊이 이해하게 해 준다. 청중들은 감동을 받거나 정보를 얻거나 세계에 대한 새로운 인식을 하거나 무엇인가를 얻기 위하여 프리젠테이션 공간에 왔기 때문에 이점을 분명히 부각하여 전해주어야 한다. 피할 수 없는 경우를 제외하고 내용은 간단하고 쉽고, 재미있어야 한다. 모르면 재미가 없다. 쉽게 하기 위해서는 간단하고 단순해야 한다. 간단하고 쉬우면 누구나 관심을 가지고 주목할 수 있다.

발표할 주제를 확정하고 나면 이를 잘 표현하기 위하여 발표할 자료를 만들어야 한다. 발표 주제를 한 눈으로 파악할 수 있도록 구도를 만들어야 한다. 하나의 주제에 하부의 여러 가지 소주제가 어떤 질서로 관계 맺고 있으며 소주제 간에는 어떤 유기적인 관계가 있는지를 보여 주어야 한다. 이렇게 발표 자료의 전체 내용 구조를 파악하고 이것을 구체적 형상으로 만들어야 한다. 숫자로 된 통계 자료를 그래프로 나타내고 중요한 항목들을 도표로 그려 보인다든지 필요에 따라 그림이나 사진을 동원하여 이를 표현할 수도 있다. 여기서 더 나아가 색상 처리를 해야 한다. 흑백의 그림이나 사진, 도표가 아니라 여러 가지 색상을 입혀서 가시적 효과를 높이면 전달의 성과를 더 많이 얻을 수 있다. 프리젠테이션 자료는 여기에서 한발 더 나아가 다중 매체의 기능을 갖추어야 한다. 시각적인 효과를 넘어서 소리를 들려주거나 동영상을 보여 주고 애니메이션을 끼워 넣거나 관련 응용 자료나 인터넷상 중요한 관련 자료 사이트와 연결하여 보여 줄 수 있게 해야 한다. 다중 매체화까지 나가야 자료가 정체되지 않고 역동적이며 입체적인 느낌과 감동을 줄 수 있다. 즉 프리젠테이션 자료는 주제 확정, 구도 만들기, 형상화, 색상처리, 다중매체화의 과정을 거쳐서 완성된다. 여기서 하나 유의할 점은 자료가 너무 복잡하거나 어려워서는 안 된다는 것이다. 구도가 복잡하거나 색상 처리를 지나치게 하여 가독성을 떨어뜨리면 들인 공에 비하여 오히려 역효과가 난다.

자료를 잘 만들어도 이를 구체적으로 보이는 것은 발표자가 해야 한다. 그 발표자 자신에게 먼저 중요한 것이 그의 음성과 발음이다. 일상 생활에서 사적인 대화를 할 때는 습관적으로 말하고 발음이 분명하지 않아도 별 문제가 되지 않지만 대중 혹은 특정 분야 인물들, 면접관을 상대로 하는 본격적 발표에서는 이런 실수가 용납되지 않는다. 그래서 공식적 말하기를 성공적으로 하기 위해서 특별한 발음 연습이 필요하다. 발성 연습을 가장 저음에서 가장 고음에 이르는 과정을 정확하게 구분하면서 큰 소리로 연습할 필요가 있다. 이런 것은 발음 관련 전문 기관이나 전문가의 도움을 받으면 더 잘 할 수 있다. 발음의 정확성, 높낮이, 속도 등을 조절하면서 발음 연습을 거듭하여 가장 편안하고 정확하며 호감이 가는 발음을 할 수 있을 때까지 연습을 거듭해야 한다. 책을 보고 큰 소리로 읽는 데서부터 신문 기사를 보고 마치 아나운서가 뉴스를 진행하듯이 뉴스의 내용과 분위기에 따라 느낌을 얼굴 표정으로 살리면서 정확하게 발음하는 것을 흉내 내며 연습을 할 필요가 있다. 그리고 거울을 보고 말하는 자기를 보면서 연습할 수도 있고, 소리만 녹음하거나 동영상을 촬영하여 반성적으로 연습을 하는 방법도 있다.

발음 연습을 한 뒤에 소통에서 가장 중요한 것은 몸짓 언어이다. 말로만 하지 않고 적절한 몸동작을 곁들이면 관심을 더 집중시킬 뿐 아니라 전달의 효과를 극대화할 수 있다. 전체적 인상, 얼굴 표정과 시선, 손짓, 움직임 등이 적절하게 이루어지도록 해야 한다. 발표자가 너무 한 자리에 고정되어 있다거나 반대로 너무 분주하게 움직여서 지루한 느낌을 주거나 청중을 불안하게 만들어서도 안 된다. 호감이 가는 전체적 인상, 미소짓는 표정, 모든 청중과 눈을 맞추는 시선, 의미를 형상화하는 손짓, 자신감과 정중한 움직임 등이 적절히 조화되면 청중의 관심을 끌어낼 수 있고 소통의 효과를 높일 수 있다. 몸짓 언어(바디랭귀지)에서 가장 중요하고 기본이 되는 것은 첫 인상이다. 그렇게 하려면 프리젠테이션의 분위기에 맞는 복장을 갖추어야 한다. 단정한 정장 차림을 기본으로 하되 상황에 따라 다소 변화를 보이면 된다. 그리고 표정은 밝고 미소 지으며 생동감이 있어야 한다. 발표장에서 일단 소개 받고 나서 발표장 전체를 둘러보는 여유를 가진다. 그리고 발표를 진행 중에도 시선을 한 곳에만 집중하지 말고 발표장 전체에 고루 주되 중요한 인물과 시선을 더 많이 교환해야 한다. 그렇다고 너무 오래 쳐다보는 것은 오히려 거부감을 줄 수 있어서 2~4초간 정도가 적당하다. 특히 청중이 아닌 발표 기기만 본다거나 창 밖이나 천정을 보며 고개를 숙이고 발표하는 것은 시선 처리에서 가장 금해야 할 사항들이다. 그래서 발표 자료와 청중에 주는 시선의 비율에서 청중에게 다소 더 비중을 두어야 한다. 그리고 손짓은 자신감을 가지고 자연스럽게 해야 한다. 어색하고 부자연한 손짓은 오히려 청중의 거부감을 불러 올 수 있어서 손짓도 사전에 연습을 하여 언제 어떻게 할 것인가를 생각하고 준비하며 평소 생활 속에서도 자연스럽게 이를 사용하는 습관을 들여 놓을 필요가 있다. 몸짓에 대한 이야기를 몇 가지 나누어서 말해보았지만 몸짓 언어는 온몸이 말하는 표현의 도구라고 할 수 있다. 의학이나 동양 철학과 같은 매우 전문적이고 재미가 없을 듯한 영역에서 오히려 큰 인기를 끄는 강연을 하고 있는 황수관이나 김용옥 교수와 같은 사람들의 강연을 보면 그 몸짓 연기가 매우 중요한 역할을 하고 있다는 것을 알 수 있다. 황 교수의 경우는 얼굴 표정에서 두드러진 특징이 있고, 김 교수는 얼굴 표정, 손짓, 몸놀림 등 전체적으로 몸짓을 아주 자신 있고 실감나며 재미있게 구사하고 있어서 보는 사람들이 내용을 제외하더라도 그 자체만으로도 재미있고 흥미를 유발하는 요소가 된다는 것을 알 수 있다.

청중을 칭찬하는 방법도 강구할 필요가 있다. 그런데 그 칭찬이 지나치거나 진정성이 없게 들리지 않도록 유의해야 한다. 또한 적절한 익살, 해학, 농담을 구사할 수 있도록 준비해야 한다. 너무 식상한 말이 아니라 그 상황에 적확하고 의미를 잘 드러내면서 웃음을 불러오는 익살을 구사할 수 있어야 한다.

주제를 잡고 이것을 발표 자료로 만들고 발표의 효과를 높이기 위하여 발음과 발성 연습을 하고 농담과 해학을 사용하며 몸짓 언어를 적절히 구사하고 청중을 칭찬하는 등 구체적 표현 준비를 마쳤다면 마지막으로 총체적 연습을 해야 한다. 실제 상황을 상정하고 준비한 모든 사항을 동원하고 사용하여 실제 프리젠테이션을 시연해 보아야 한다. 준비한 원고를 실제 상황에서 하는 것과 똑 같이 말해 보며 친구나 기타 동원할 수 있는 전문가, 동료들 앞에서 시연을 보아야 한다. 그리고 프리젠테이션을 하게 될 실제 장소에서 실제 상황과 같은 조건에서 발표 연습을 해 봐야 한다. 그런데 프리젠테이션은 여러 사람 앞에서 발표하는 일이기 때문에 발표자는 열정과 자신감, 용기를 보여주어야 한다. 발표가 청중에게 신뢰를 주고 상대를 감동시키는 것은 프리젠테이션의 다양한 기술과 함께 발표자의 이런 자세에 기인한다는 것을 반드시 기억해야 한다.

3 프리젠테이션의 실제

① 프리젠테이션의 준비 과정을 정리해 보고 각 단계별로 반드시
   수행해야 할 사항을 알아보기
② 제출할 기업이나 기관, 단체를 상정하고 자기 소개서와 제안서,
   보고서를 작성해 보기
③ 작성한 자기 소개서와 제안서, 보고서를 프리젠테이션 자료로
   개발하기
④ 실제 프리젠테이션을 시연하게 하고 평가와 송환하기

02

제2장

설득하는 토론의 세계

01 토론의 세계로 들어가기

1 다양한 의견을 조율하는 토론

토론의 세계는 바다처럼 드넓어서 자유로운 생각의 파도가 있고 그 파도를 지혜롭게 넘어 끝없이 항해를 지속하는 토론자라는 배들이 떠다 닌다. 안전한 항해와 여유로운 파도타기를 놓치지 않으려면 먼저 말하기 의 바다인 토론의 현장에 서야 하고, 둘째 토론의 성격과 진행과정을 잘 알고 있어야 한다. 대학생활 속에서 토론의 상황에 직면할 일은 매우 많다. 학과, 동아리, 학교의 다양한 행사의 시기와 규모, 구체적인 진행 일정 등은 모두 구성원이 의견을 제시하는 토론과정을 거쳐서 결정된다. 서로 다른 자신의 의견을 강하게 주장하지만 좀 더 설득력이 있는 쪽으 로 결정이 난다.

이런 과정에서 가장 적극적으로 의견이 충돌할 때 토론이 필요하다. 우리들의 대화 가운데 가장 적극적으로 자신을 드러내는 말하기 방식이 바로 토론이다. 자기주장을 효과적으로 상대방에게 전달하자면 자신의 생각이 상식적, 합리적이면서 설득력을 지녀야 한다. 내 주장이 상식적 인가를 스스로 판단할 수 있어야 한다. 상식은 보통 사람들이 알고 있는 지식으로 이해, 판단, 사리분별이 서로 통하는 것을 말한다. 내가 지금 하는 말이 이치에 맞고 논리가 있는가를 진단하는 것이 합리성의 여부를 알아보는 일이다. 내 주장을 가장 힘있게 세우는 데는 상식과 합리성을 잘 전달할 수 있는 설득력이 필요하다. 나의 의견과 생각에 동의하고 따르도록 하는 힘은 바로 설득력에서 온다.

멋진 토론을 하기 위해서는 자신의 생각을 상식 풍부하게 다듬고 논리와 합리성을 갖추어 상대방에게 제대로 전달해야 한다. 스스로 생각이 다양해지려면 많은 지식이 필요하다. 논리는 생각이 깊어져 사물이 지닌 가치를 제대로 이해할 때 자연스럽게 생긴다. 이렇게 보면 토론은 과정과 단계가 있어 더욱 부담스럽게 보인다. 그러나 사람의 말은 모두 생각의 바다에서 건져내는 것이니 언어의 바다가 풍부하면 적절한 말은 언제든지 낚을 수 있다.

② 독서가 필요하다

상식 풍부하게 논리를 갖춰 자신의 생각을 주장하는 토론의 세계는 깊은 사고력을 키우는 독서가 밑받침 되어야 한다. 상대의 의견도 충분히 존중하면서 자신의 의견을 관철해내는 말하기로 나아갈 수 있다.

독서는 생각을 깊고 넓게 만들어주는 역할을 한다. 말은 그 자체의 표현에만 그치는 것이 아니므로 말 속에 의미를 담아야 한다. 비록 입장이 다르더라도 사물에 대해 깊이가 있는 말은 상대방을 감동시킨다. 감동까지는 안 가더라도 충분히 상대방을 이해하고 납득시킬 수 있게 된다. 말에 담긴 뜻은 사람의 마음을 움직이는 힘이 있다. 이 소중한 뜻이 독서를 통해 길러진다. 뜻이 풍부하게 담긴 말을 하기 위해서는 자신만의 생각이 필요하고 그 생각은 책 읽기를 통해 가능해진다.

❸ 우리토론의 역사

근대로 진입하면서 우리나라에서 최초로 토론문화가 형성된 것은 배재학당의 학생들이 중심이 된 협성회이다. 협성회가 구성되는 배경에는 독립신문을 간행하고, 독립협회를 이끌던 서재필의 역할이 있다. 그는 배재학당에 매주 특강을 하면서 서구사회의 근대문물을 소개하고 열강들의 힘에 의지하지 말고 조선이 주체적으로 독립해야 함을 역설했다. 특히 서구 민주주의 문화를 통해 토론의 힘을 학생들에게 설명했고 학생들은 조선독립의 필요성을 확실히 깨달았다. 이 과정에서 토론이 현실적으로 매우 절실하다는 것을 알게 되었고 학생 13명이 협성회를 조직했던 것이다.

서재필은 협성회 조직을 축하하면서 토론이 말싸움이 아니라 새로운 정보와 이해할 수 있는 논리가 필요하다고 보았다. 특히 토론의 과정에서 발언기회, 발언시간 등이 일정하게 정해져야 하고 공평하게 진행되어야 함을 알려준다. 배재학당 학생들은 미국 의회규칙을 번역해가면서 토론규칙을 정하기도 한다. 그후 독립협회에서도 만민공동회를 열어 당시 정치현실의 문제를 담은 토론이 이뤄져 우리의 근대풍경에서 민주주의의 역사를 발견할 수 있다.

(이황직, 『독립협회, 토론공화국을 꿈꾸다』, 프로네시스, 2007. 참고)

전통사회에서 토론은 상소(만인소)의 형태로 나타났다.

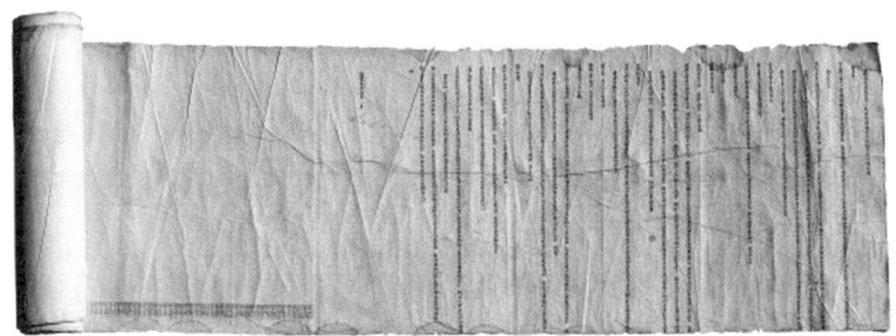

조선 유생들 만인소(매일신문 2007.06.27)

4 토론의 원칙

- **추정의 원칙** : 확실하지 않은 사실은 반대 증거가 있을 때까지 진실
  한 것으로 인정한다.
  현재의 가치관, 제도에 문제제기를 하는 측이 먼저 발언한다. 찬성
  측은 증명하고 반대측은 반증한다.

- **평등의 원칙** : 민주주의 원리에 따라 토론 참여자는 골고루 발언할
  수 있다.
  교육토론에서 발언시간, 발언기회를 공평하게 분배한다.

- **의사소통의 원칙** : 핵심내용과 요점은 먼저 말하고 설명과 근거를
  덧붙인다.

토론의 원칙

- **합리성의 원칙** : 동일한 발언기회와 동등한 발언 시간을 갖는다.

- **유연성의 원칙** : 아카데미식 토론은 특정 주제에 대한 찬반을 당일 추첨을 통해 결정한다. 이런 운영방식은 사회적인 쟁점의 정책이나 가치는 긍정과 부정논리가 상대적으로 타당성을 갖는다는 것을 교육하고 종합적인 균형 잡힌 추론 능력을 키우기 위한 것이다.

- **역동성의 원칙** : 찬반 모두 입론과 교차조사, 반박을 형식적으로 분리해서 진행, 입론은 자신의 논리세우기, 교차조사와 반박은 상대방 논리문제를 부각시키고 결과적으로 자신의 논지를 입증, 적극적이고 공세적인 입장을 드러내는 것이다. (자신의 논리만을 수동적으로 고집해서 이길 수 없는 구조이다) 교차조사는 토론의 역동성이 가장 잘 나타나며 발언의 주도권은 교차조사자에게 부여된다.

- **듣기의 원칙** : 토론은 말 잘하기 보다는 말 잘 듣기를 훈련하도록 유도한다. 상대의 논리를 잘 듣고 정리하지 않고서는 교차조사, 반박 등의 토론 진행을 수행할 수 없다.
  (진정한 토론문화가 부족하다는 말은 남의 말을 귀 기울여 듣지 않는다는 의미와 동일)

- **설득의 원칙** : 토론은 논리의 게임이지만 설득의 게임이다. 논리가 완벽해도 청중과 상대에게 효과적으로 전달되지 않으면 토론에서 승리할 수 없다. 논제의 숙지, 내면화도 중요하지만 자기 생각을 설득력 있게 전달할 수 있어야 한다. 이를 좌우하는 것이 토론자의 전달능력이다. 전달자의 표정, 액센트, 제스처, 등 (마음을 움직여야 한다.)

　인간은 허영심으로 가득 차서 정신적인 대결에서 지면 치욕으로 생각한다. 인간이 본능적으로 진리를 사랑하고 남의 말의 정당성을 이해하고 귀 기울인다면 소모적인 토론 자체는 필요없는 것이다.

요령8 상대방을 화나게 만들어라
요령9 결론을 이끌어내는데 필요한 질문을 중구난방(衆口難防)으로 하라

마지막 요령 인신공격과 모독, 무례의 방법을 사용하라

　쇼펜하우어의 요령은 38가지가 있으나 요령8과 요령9를 보면 쇼펜하우어의 인격을 의심하게 만든다. 그의 이런 말도 안 되는 전략의 숨은 의미는 바로 화내지 말고 토론해야 하고, 논리정연하게 자신의 생각을 잘 정리해야 한다는 것을 알 수 있다. 화를 내게 되면 토론은 더 이상 진행될 수 없고, 생각이 정리되지 않으면 정확한 판단은 불가능하니 토론에서 도저히 이길 수 없는 것임을 역설적으로 보여주는 것이다.

① 4가지 종류의 토론 방법

토론의 종류는 4가지 방식으로 나누는 것이 일반적이다.

아카데미(CEDA) 방식, 링컨·더글러스 토론(Lincoln·Douglas debate) 방식, 의회 토론(parliamentary debate) 방식, 칼 포퍼 토론(Karl Popper Debate) 방식 등이 있다.

- **아카데미(CEDA) 방식** : 미국의 대학토론대회에서 가장 일반적으로 채택되고 있는 토론 방식이다. 찬성측 반대측의 양 팀은 2인으로 구성되어, 각각 세 번의 발언기회를 갖는다. 입론, 반박, 교차조사를 한 번씩 하는 방식이다.

- **링컨·더글러스 토론(Lincoln·Douglas debate) 방식** : 노예제도에 관한 토론에 기원을 둔 것으로 양 팀에서 대표자 한 명씩 1:1의 방식으로 진행된다. 입론, 교차조사, 반박의 과정으로 부정측은 입론에서 1분, 긍정측은 반박에서 1분의 시간을 더 사용한다.

- **의회 토론(parliamentary debate) 방식** : 한 팀에 보통 2인씩 참여하며 토론 중에 자료를 증거로 사용할 수 없으며 교차조사를 위한 시간이 따로 없다. 입론과 반박으로 구성되어 있으나 토론 중에 상대 팀의 발언과정에서 보충질문, 의사진행발언, 신상발언 등을 할 수 있다.

- **칼 포퍼 토론**(Karl Popper Debate) **방식** : 3인이 한 팀을 구성 한 번의 입론, 두 번의 반론을 하되, 교차조사가 입론과 반론 과정에서 지속되는 방식이다. 상대팀의 잘못된 점을 입증하면 토론에서 승리하는 방식과 달리 칼 포퍼 방식은 자기팀이 옳다는 것을 입증해야 한다.(『토론의 방법』강태완 외, 커뮤니케이션북스, 2008.)

2 왜, 토론이 필요한가

아카데미식 토론방법은 토론의 전부를 이해할 수 있는 좋은 모델이기에 본 교재에서는 아카데미식 토론을 중심으로 기술한다. 찬성과 반대의 의견을 자신의 소신대로 펼치는 것이 아니다. 주어지는 찬반의 견해에 따라 의견을 주장해야 하므로 상반된 입장을 제대로 배우고 생각할 수 있는 기회가 된다. 이런 토론교육을 통해 의견 차이를 좁히고 타협할 수 있는 대안을 찾아가는 힘을 키울 수 있다.

나의 입장과 주장만큼 상대의 입장과 주장이 똑같이 중요하고 어떤 상황에서도 상대에게 무례를 저지르는 말을 해서되는 안 되는 말의 윤리를 배울 수 있는 것이 토론이다. 말을 잘하는 사람이 그렇지 못한 사람의 의견을 말로 무시하고 차단시키는 것은 언어폭력에 지나지 않는다. 토론을 통해 상대와 다른 생각을 나누고 차이를 인정하는 것이 필요하다는 것을 배운다.

사회생활은 나와 타인의 의사소통을 통해서 이루어진다. 모든 생각과 판단, 그리고 행동은 의사결정을 통해 가능한데 그 수단은 입으로 하는 말이 상당한 비중을 차지한다. 문서로 남기는 절차를 밟기는 하나 문서작성 전에 특정 사안에 대한 토론없이 문서를 만들지 않는다. 이렇게 의견을 나누는 일은 사회적 행위에서 절대 빠질 수 없는 중요한 내용이다. 그런데 우리는 나의 의견을 제대로 전달하는 일도 어려워하고 상대의 입장을 읽어내는 일도 낯설다. 잦은 대화와 토론이 필요하다는 걸 인식하면서도 쉽게 실천으로 옮기지 못한다. 전통적으로 과묵한 언어문화가 우리에게 전해져 오는 현실도 한몫하고 있다.

사람과의 관계에서 대화와 토론이 매우 중요하다는 걸 실감하면서도 일상에서 토론이 거의 없는 원인은 상명하달식 관행을 들 수 있다. 교수－학생의 관계에서 그런 풍경은 포착되고, 회사에서의 수직적인 조직에서도 그대로 드러난다. 현실 속에서 주어지는 일을 수동적으로 하는 관행에 익숙해지게 되면 자기의견을 밝힐 기회가 거의 없다. 마음속으로 문제점을 가지고 있으나 구체적으로 표현하지 않게 되면 의사표현을 하지 않는 일에 익숙해지고 그것이 편해진다. 자신의 개인의견에 대한 무시는 자기 존재감을 줄이고 자신감과 책임감도 그만큼 약화시키고 만다. 심할 경우, 사회생활에서 자기능력을 발휘할 기회도 그만큼 줄어들게 된다. 자신을 적극적으로 표현하는 일에는 다양한 방법이 있으나 말을 통해 자신을 더 빛나게 할 수 있는 방법이 있다. 그것이 바로 가장 적극적인 말하기방식인 토론이다.

나는 내 의견을 자연스럽게 말하는가, 아니면 눈치를 보고 적당히 감추고 마는가를 따져보라. 후자에 속한다면 자신의 능력을 발휘할 기회가 훨씬 적어진다.

나는 내 의견과 다른 사람의 의견에 대해 어떤 자세를 취하는가, 아예 무시하는가. 겉으로는 이해하는 척 하면서 속으로 무시하는가. 아니면 열린 자세로 상대의 의견을 경청하고 고쳐야 할 점을 고치고 새로운 생각을 받아들이는가.

대체로 사람들은 예의를 갖추느라 자신과 입장을 달리할 경우, 겉으로는 이해하려는 자세를 보여주지만 마음속으로 그 생각을 받아들이기 어렵다. 그래서 토론이 필요하다. 생각이 완전히 다른 사람들이 서로의 의견을 처음에는 주장하고, 설득하고, 타협하는 과정을 통해 사람의 관계는 깊어지고 복잡한 일도 전반적으로 이해할 수 있는 입장이 된다. 토론이 갖는 존재의 의미라고 할 수 있다.

나는 나와 생각이 다른 사람의 입장과 의견을 이해하거나 존중하는 태도를 가지고 있는가를 돌아보라. 대체로 자기주장에 대해 양보할 의사가 별로 없다. 누구나 자기중심적인 사고방식을 가지고 있기 때문이다. 이렇게 일방적인 개인의견만으로 사회생활과 문화적인 교류가 가능할 수 있겠는가. 어렵다는 것을 누구나 인정한다. 그렇다면 차이를 인정하고 간극을 조절할 수 있는 방법을 찾아야 한다. 대화에서부터 토론에 이르기까지 다양한 방법으로 생각의 차이를 함께 공론장에 드러내놓고 조율해야 한다. 이 과정이 바로 민주적인 의사표현의 방식이다. 그래서 토론은 민주적인 시민의식을 키우기 위해서도 절실하게 필요하다.

3 아카데미식 토론의 방법과 절차

아카데미식 토론은 현실과 사회에 대한 폭넓은 이해를 교육하는데 목적이 있는 토론으로 토론시간, 토론순서가 정해져 있다. 토론자들은 토론순서와 시간을 파악해야 한다. 정해진 논제에 대하여 입론, 교차조사, 반론으로 세 번의 발언기회가 있다. 더욱 토론대회에서는 찬성, 반대를 번갈아 토론하는 방법을 선택해 상대의 입장을 이해할 수 있도록 하는 교육적인 역할을 한다. 자신의 입장만 관철하려는 자세에서 한 걸음 양보하여 상대의 입장을 경청하는 것은 많은 사회갈등을 해결하는 중요한 출발점이 된다. 모든 토론이 사회생활 안에서 일어나는 이해관계를 좀더 효율적으로 해결하고 바람직한 방향으로 나아가기 위한 역할에 있음을 알 수 있다.

4 토론이 성립하는 원칙

실제로 우리가 살아가는 사회는 역동적이고 변화무쌍하지만 말을 나누는 시공간은 매우 제한적이고 단편적이다. 토론을 위한 시공간은 우리가 의도적으로 기획하고 만든 것이므로 삶의 공간과는 다른 말의 원칙과 규칙이 따른다. 토론의 성립은 사회의 변화를 필요로 하는 사람들의 의견과 주장에서 출발한다. 변화할 이유가 없는 입장이라면 현재를 지속적으로 유지하면 되고 이때 토론의 성립은 불가능해진다. 그래서 토론은 늘 변화를 주도하는 입장에서 토론주제가 정해지며 변화하자는 측을 찬성입장으로 내세운다.

토론에서 지켜야하는 원칙은 다양하나 가장 직접적인 원칙을 골라 보면 추정의 원칙, 평등의 원칙, 의사소통의 원칙이 있다.

03 토론이 진행되는 과정

1 토론의 진행

토론은 찬성측, 반대측의 의견을 나누어 각 팀의 주장을 경쟁적으로 다투는 적극적인 말하기이다. 얼마나 근거에 기반하며, 논리정연한가, 또 정해진 토론주제에 대해 전문적인 지식을 갖추고 정보를 확보하여 정리하고 있는가가 중요하다.

우리는 아카데미(CEDA) 토론을 모델로 토론의 진행과정을 알아본다. 아카데미 토론은 토론자들이 두 명씩 찬성팀과 반대팀을 구성하여 정해진 시간 안에 입론, 교차 조사, 반박 등의 세 차례씩 토론을 하게 된다. 모든 자유토론은 이 기본구조의 다양한 변형으로 이뤄져 있다. 아카데미식 토론은 찬반 입장을 정해서 토론하지 않고 발표장에서 임의적으로 정한다. 찬성, 반대 양쪽의 자료를 다 준비하고 있어야 한다. 토론도 사회를 배우는 과정이기 때문이다. 상대방의 입장을 충분히 이해할 수 있는 전인적인 사람이 되기 위한 말하기 연습이라고 할 수 있다.

토론의 과정이란 1 : 1이거나 팀별로 조직되거나 논제에 대한 의견을 합리적, 논리적으로 주장하는 것이다. 논제에 대한 입론을 세우면 상대방은 교차조사를 하고, 역으로 입론과 교차조사가 이뤄지고 나면 본격적인 토론의 단계인 반박으로 들어간다. 반박에서 상대의 논지가 부족하고 문제가 있다는 것을 파악하여 질문한다.

토론을 위한 준비단계
- 논점분석 : 논제 파악, 논점 구축, 논거 찾기
- 자료조사 : 근거 자료, 해당사례
- 토론개요서 작성 : 예상 진행 상황, 예상 질문, 예상반박

2 자료수집의 방법

인터넷은 정보의 바다라고 하나 정보의 깊이가 너무나 제한적이고 비슷한 정보가 흐르기 때문에 보다 전문적인 정보를 인터넷 검색만으로 찾아내기는 어렵다. 통계관련 자료는 원본을 확인해야 한다. 정보가 불안정한 자료는 자료로서의 가치가 떨어지거나 없다. 많은 정보는 단행본, 논문, 신문, 잡지 등의 책자에 담겨 있다. 이들 정보를 제대로 검색하자면 실제 도서관에서 책찾기와 논문찾기를 해야 한다.

인용된 자료를 보느냐, 원 자료를 보느냐의 차이는 엄청 크다. 신문, 잡지, 뉴스 등에 인용된 자료는 그 기준에 따른 제한적인 내용이 담긴다. 그런데 원 자료는 더욱 풍부하게 정보를 받아들이도록 도와준다. 어떤 논제에 대해 정보를 전반적으로 다 수집한 상태와 제한적으로 인용한 정보만 있는 경우, 논거와 논지를 세우는데 더 유리한 것은 어느 것인가. 당연히 원 자료에 충실하게 논쟁점을 제시한 경우이다.

좀 더 풍부한 자료를 수집하기 위해 1차 자료보다 한 단계 더 나아가 자료를 생산하는 경우가 있다. 현장사람들의 생생한 증언을 담기 위한 인터뷰, 설문조사 등이다. 이때 인터뷰와 설문조사 방법을 정확하게 파악하고, 설문내용을 질문하는 당사자의 필요한 정보에 맞게 구성하면 된다. 토론의 참신한 입장과 근거를 제시하는 아주 새로운 자료 만들기가 된다.

❸ 자료정리

- **자료의 정확도** 자료의 출처는 정확하게 제시해야 하고, 1차 · 2차의 자료를 구분해서 명시한다.

- **의견을 구분하기** 자료는 찬성, 반대의 의견을 확실하게 분리하여 정리한다.

- **논제와 쟁점별 구분하기** 논제를 구성하는 다양한 쟁점을 그려보고, 쟁점에 따라 자료를 세분화해서 정리한다.

- **논거가 충분한 자료준비** 찬성, 반대를 나눠 쟁점과 논거를 찾아서 그에 맞게 자료를 구분하되 중요한 내용이 눈에 들어오도록 표시한다.

- **예상 질문과 예상반박준비** 상대측으로부터 예상되는 질문과 반박을 기록하여 대비한다.

4 토론개요서 짜기

개요서는 찾아낸 자료를 좀 더 효율적으로 활용하기 위한 것으로 논점, 논거, 증거 등을 각각 분류하는 일이다. 중요도, 가치와 견해의 유사성 등을 기준으로 항목을 정해 나눈다.

논거, 전제, 증거가 한 묶음이 되어 논리적인 입장을 표명하는 것으로 생각 가능한 모든 논거를 제시하고 거기에 맞춰 전제와 증거를 정리한다. 다양한 입장을 논거에 따라 분류하여 체계를 갖추어야 한다.

멋진 토론을 위한 준비과정에서 자료준비는 가장 중요하며 토론이 끝날 때까지 긴장을 늦출 수 없는 요소이다. 충분히 많은 자료를 준비해야 하는 것은 물론이고 자료는 정확해야 한다. 자료 출처의 신빙성, 자료의 객관성, 자료의 신뢰도 등이 모두 자료정리과정에서 간과되어서는 안 된다.

① 논제 정하기

논제는 토론의 주제를 가리키는 말로 어떤 문제를 대상으로 다룰 것인가가 명확하게 드러나야 한다. 토론자들의 논쟁과 설득의 정도, 토론의 범위는 논제를 통해 정해지기 때문에 논제 결정에 주의해야 한다. 추정의 원칙에 따르지만 논제의 형식은 평서문이어야 하고 찬성, 반대 어느 쪽으로도 치우치지 않는 표현이 적절하다.

논제정하기

토론을 위한 주제를 논제라고 하는데 좋은 논제는 효과적인 토론을 할 수 있는 바탕이 된다. 적절한 논제를 정하기 위해 필요한 것을 생각해보자.

논제에는 쟁점이 있어야 한다

쟁점은 상대팀과의 의견차이를 서로 다투는 지점으로 자신의 입장을 명확하게 드러나게 한다. 이때 중요한 것은 현재 문제적인 사건인가(시의성), 개인이익이 아니라 공동의 이익과 가치를 가지는 주제인가(공공성), 쟁점이 찬성과 반대로 명확하게 나눠지는 것인가(대립성)를 살펴서 정한다.

논제의 성격을 결정한다

사실을 가려내기 위한 것인가(사실논제), 가치를 찾아내기 위한 것인가(가치논제), 정책을 고찰·평가하고 조정하기 위한 것인가(정책논제)

에 따라 성격이 다르다.

논제는 긍정문으로 만든다

찬성측의 주장을 중심으로 문장을 구성한다. 왜냐하면 토론은 현재 상황을 변화시키려는 찬성의견을 통해 가능해지기 때문에 현재 상황을 유지하려는 반대측 보다 찬성측을 배려한다. 대신 찬성측은 변화해야 하는 근거를 제시하고 설득할 부담이 따른다.

토론범위나 관점에 따라 논제의 방향을 정해야 한다

- 쟁점이 부각되지 않은 예 : 청년실업, 문제이다
- 객관성을 잃어버린 예 : 극복하기 힘든 청년실업의 현실
- 찬성측 변화의지가 돋보이는 예 : 청년실업은 사회·경제구조의 한계에서 온다
- 특정 세대를 대상으로 논제를 정할 경우 : 20대는 취업을 위한 스펙을 쌓아야 한다
- 실업문제를 세대간 경쟁으로 본다면 : 청년실업은 세대 간 경쟁의 결과이다

논제 검토

- 토론내용을 충분히 포괄하는 범위를 지닌 논제인가
- 문제의 핵심이 논제에 담겨 있는가
- 찬성, 반대 어느 쪽으로도 치우치지 않았는가
- 찬성측은 추정의 원칙을 극복할 핵심논쟁점을 구축했는가

② 입론

토론을 위해 논지를 세우는 단계로 토론하는 내용과 취지의 체계를 수립한다. 논제에서 언급된 용어와 개념, 논제와 관련한 문화적인 배경 및 역사적, 철학적인 입장을 설명한다. 이때 논쟁에 필요한 중요한 쟁점이 제시되어야 한다. 쟁점을 부각시키기 위한 근거가 필요하며 해결방안도 함께 제시한다. 논제가 담고 있는 문제를 해결하기 위한 적절한 쟁점이 부각될 수 있도록 논지를 만들어야 한다.

논점 찾아내는 과정

- 현재 문제점의 상황은 어떠한가, 토론이 반드시 필요한 안건인가
- 문제점 개선을 위해 어떤 관점이 필요한가
- 문제의 개선책을 찾아가는 방법은 무엇인가
- 새로운 대안을 모색했는가
- 새로운 제도나 정책을 위해 필요한 비용은 어떻게 마련할 것인가

찬성측은 중요 쟁점을 통해 문제제기의 정당성을 확보해야 한다

반대측은 찬성측과 차별화된 용어와 개념정리가 필요하며 쟁점 역시 찬성측과 각을 세우되 균형감각을 잃지 않아야 한다.

③ 교차조사

찬성측, 반대측이 교차하면서 입론과정에서 제시된 논제, 쟁점 등의 근거와 주장, 자료 등에 대해 질문하고 답변하는 확인과정이다. 이때 상대측 논지의 부족한 점, 오류 등을 찾아내면 자신의 입장은 더욱 설득력

을 얻게 된다. 상대의 개념과 용어에 대한 오해 여부도 유심히 파악한다. 입론의 내용에서 논지의 취약한 부분을 찾아내서 공략하는 것이 주요한 포인트이다. 이 질의-응답과정은 쟁점의 성격, 방향 등의 윤곽이 드러나는 단계로 근거와 자료를 충분히 사전에 숙지해야 한다.

- 교차조사를 위해 상대의 논제와 입론을 분석하고 평가했는가
- 자신의 쟁점을 강화하는 근거와 자료는 정확하게 확보했는가
- 질의-응답 과정에서 토론윤리는 잘 지켰는가

④ 반박하기

상대방의 쟁점을 정확하게 정리한 후 자신의 쟁점을 가장 강조할 수 있는 상대의 쟁점을 중심으로 반박한다. 상대의 쟁점과 자신의 쟁점을 비교하면서 우위를 차지할 수 있도록 충분한 자료이해가 필요하다. 자신의 입장에 불리한 논쟁점은 언급을 뒤로 미루고 새로운 쟁점을 제시해서는 안 된다. 반박은 토론의 과정을 마무리하는 단계로 자신의 논지를 가장 적극적으로 드러내는 시간이다. 상대의 의견, 주장에 반대해서 논지를 펴기 위해서는 상대의 논쟁점이 어떤 근거에서 비롯하는 것인가를 이해하고 있어야 한다. 반박 시간은 짧게 주어지므로 더욱 효과적으로 반박내용을 구성해야 한다.

- 상대의 쟁점을 정확하게 이해하고 문제점을 파악했는가
- 자신의 쟁점과 상대의 쟁점을 비교해서 우위를 확보할 수 있는가
- 반박은 반증이다, 상대의 논리를 뒤집을 수 있는 논리마련이 필요하다
- 반박은 주장을 되풀이하는 것이 아님을 명심한다

⑤ 대체방안 제시하기

대안을 제시하는 경우는 상대의 문제제기로는 해결 가능성이 낮기 때문에 보다 현실성 있는 방안을 마련한다는 태도가 필요하다. 상대의 날카로운 문제제기에 휘둘리는 인상을 줘서는 곤란하다. 상대측이 제기한 방안과 확실한 차별화가 필요하다. 상대의 문제제기나 논지에 심각한 문제가 있기 때문에 대안이 필요하다는 입장을 견지해야 한다. 대안제시는 새로운 쟁점이 될 수 있으므로 입론의 과정에서 이루어지는 것이 자연스럽다.

- 상대방의 논지와 차별화를 위한 전력이 준비되었는가
- 대안은 상대의 논쟁점이 갖는 취약성을 드러내는 반박의 논리이다
- 반박과정에서 대안제시는 새로운 논쟁이 아니라 논쟁을 마무리하는 것이다

⑥ 마무리 발언하기

최종발언은 청중을 향한 설득으로 자신의 주장을 마무리하는 단계이다. 토론한 내용을 간략하게 정리하고 청중을 향해 다시 한번 부각시킨다.

 **토론주제** 군가산점제 부활, 필요한가?

● **찬성측1 입론**

청년실업, 경기불황의 극복방법이 될 수 있다
병역기피문제를 해결할 수 있다
징병의무의 신성성을 확보할 수 있다

● **반대측2 교차조사**

문 : 경기불황을 군가산점제로 극복할 수 있는가
답 : 모든 문제는 사소한 것부터 실마리를 풀어야 한다

문 : 병역기피는 조사와 처벌이 필요한 것이 아닌가
답 : 병역기피의 원인을 분석한 후 처벌이 뒤따라야 한다

문 : 징병의무의 신성성에도 불구하고 병역기피 현상은 증가하고 있다
답 : 그래서 대안을 찾기 위한 방법 가운데 하나가 군가산점제를 활용하
　　 는 것이다

● **반대측1 입론**

여성, 장애인에 대한 역차별이 발생한다
군대 내부 인권문제를 먼저 해결해야 한다
헌법정신에 위배된다

● 찬성측2 교차조사

문 : 여성도 국방의 의무를 함께 지는 것이 바람직하지 않은가
답 : 전 국민이 군대 가는 것 보다 선진국형 군대구조(모병제, 무기개발)
　　로 변해야 한다

문 : 광범위한 인권문제 이전에 취업문제를 먼저 생각하자
답 : 군가산점제로 모든 군필자들이 취업할 수 있는 것은 아니다

반박하기

● 반대측1 반론

- 남성 가운데 가산점제의 혜택을 받을 수 있는 사람은 소수이다
- 경제활동의 시간은 여성이 훨씬 짧다
- 기회와 형평성에 위배된다

● 찬성측1 반론

- 군가산점제는 군인의 사기의 문제이다
- 우호적인 여성여론을 확보할 수 있다
- 무임승차하는 여성들이 있다

● 반대측2 반론

- 군필·미필의 문제를 사회전체 문제로 확장해서 보는 이유가 있나
- 20대 자살률은 비정규직 여성이 높다
- 취업연계제도 제안이 현실적이다

- 정부예산이 부족하다
- 취업과 관련된 직접 보상이 필요하다
- 군역기피현상을 극복할 수 있는 방법이다

토론의 핵심 과정

입론1 → 교차조사1 → 입론2 → 교차조사2 → 반박하기

입론
- 토론할 만한 필요성과 가치를 제시하는 주장이다
- 핵심 용어의 개념을 정의한다
- 논점을 3~4개 항목으로 정리한다
- 해결책을 제시한다

교차조사
- 입론에 대한 내용을 확인하는 과정이다
- 상대방의 발언내용 파악, 허점과 문제점에 대해 질문한다
- 상대팀이 발언한 내용에 대해서 질문한다
- 발언내용 확인하는 단순한 질문은 피한다

반박하기
- 토론에서 가장 핵심적인 단계이다
- 상대방 주장의 부족한 점 지적하고, 이유와 원인을 밝히는 과정이다
- 반론은 검투사가 창과 방패로 결투하는 장면에 비유할 수 있다
- 반론이 멈추면 토론도 끝난다

반박하기의 방법
- 상대의 논점이 논제에서 벗어났는가
- 상대의 근거가 타당한가 - 논점, 자료, 통계자료

- 상대의 주장과 자료를 활용한 반박
- 입론에서 제시하지 않은 논점을 들어 반론해서는 안된다

마무리 발언
- 청중을 향해 설득을 하는 단계이다
- 적극적인 최종발언은 상대방을 반박하는 것이다
- 내용으로 압축해서 간략하게
- 토론한 내용 간략하게 요약 정리
- 토론논제를 청중을 향해 다시 한번 부각시키기

토론을 잘 하기 위한 준비과정
- 논점분석 → 자료조사 → 토론 개요서 작성
- 토론을 잘 하려면 논제를 잘 파악하고, 논제 안의 쟁점을 찾아야한다
- 논점분석하기－논제파악, 논점구축, 논거 찾기
- 자신의 주장이 정당성을 얻으려면 기본적으로 주장, 주장의 근거자료, 근거자료의 바탕이 되는 논거를 갖춰야 한다

논제		
선택배경		
입장선택(찬성/반대)		
입론	주장	
	근거 및 자료	
쟁점 요약	쟁점1. 쟁점2. 쟁점3.	
쟁점 근거와 배경	쟁점 근거와 배경1	
	쟁점 근거와 배경2	
	쟁점 근거와 배경3	
교차 조사	상대논리 파악1	
	상대논리 파악2	
반박 하기	상대반론 예측1	
	상대반론 예측2	

아래의 글은 20대 문제를 사회문제로 바라보는 각 분야의 전문가가 모여 토의를 진행한 내용이다. 글을 읽고 토의내용을 확인하고 논제를 정해서 토론을 해보자.

20대 문화를 광범위하게 논의했던 토론내용을 소개하면서 20대가 놓인 사회문화적 환경을 함께 토의하고 핵심쟁점을 뽑아내 토론의 논제로 삼아 토론해보자. 지상파 방송에서는 주말마다 토론프로그램을 진행하고 있다. 전 국민이 민감하게 생각하는 정치, 사회, 시사문제를 주제로 전문가들이 자신의 입장을 밝힌다. 이때 패널들은 다양한 정보를 정리해서 자신의 논지를 세우고 설득력을 키우기 위해 다양한 증거자료를 준비한다. 아주 다양한 토론주제가 있으나 20대 대학신입생을 위한 내용을 바탕으로 20대가 처한 현실을 살펴본다.

주제 : 20대의 오늘과 내일, 희망을 찾아서
(2010년 7월 29일. 471회 MBC 100분토론)

논제에 대한 배경설명

세대별 특징은 사회문화를 담고 있다. 사회의 고민이 곧 세대의 이름을 정하는 것이 아닌가. 시대마다 20대를 규정하는 다양한 용어가 있는데 시대상을 반영하는 거울이다.

첫 고교평준화 세대(58년 개띠), 70년대 통기타세대, 2차 베이비붐 세대(90년대 초반학번), 88만원세대, 그 외 신세대를 표현하는 용어로 X세대, N세대(인터넷 네트워크 세대), P세대(열정적인 세대), 엄지족, 쿼터족 등이 있다.

패널 1 현재 20대 문제는 대학문제이다. 4.19 이후 청년들이 정치현실에 참여, 역사적인 일을 성취하게 되면서 대학은 20대문화를 주도해왔다. 70, 80년대의 20대들은 독재정권의 붕괴에 참여했고 대학의 시대적인 사명감이 공감되던 시대이다.

과거와 달리 현재 대학생은 20대 문화를 주도하고 있지 못하다. 오늘날 20대 가운데 글로벌 스타가 있는데 이들은 대학의 정규코스에서 벗어나 있다. 현재 대학생은 엄청난 경쟁을 치르고 입학하지만 대학사회를 무겁게 누르는 불안코드가 있다.

패널 2 시대의 변화에 따라 20대 문화도 다르다는 것을 인정하면서도 20대를 향한 쓴소리는 필요하다.

 기성세대는 성실과 근면으로 성공할 가능성이 있었다면 현재 20대는 기성세대와 동일하게 미래를 준비하지 못한다. 현재는 경제가 고속성장하던 시기가 아니므로 현세대에게 미안한 마음이 있다. 과거의 성공방식을 그대로 물려줄 수 없는 현실의 변화를 읽어야 한다.

 20대의 방향, 미래라는 빛을 향해 달려가기만 하면 문제가 해결되는 시대가 아니다. 불안한 20대가 가야 할 방향에 대해 말하자.

쟁점1. 신세대 담론 진단하기 (요즘 애들은 문제가 많다),
요즘 왜 20대를 향한 말들이 논란을 일으키는가

 20대의 희망은 취업과 높은 학점에 있으나 정작 대학생들은 아르바이트와 다른 일을 하느라 공부할 시간이 없는 모순에 놓여 있다. 열망은 강하지만 실제 공부는 별로 하지 않고 그럴 시간도 없는 20대 대학생. 한국의 국부가 지금처럼 강력한 적도 없는데 20대는 돈이 없어 할 수 있는 것이 없는 삶 속에 놓여 있다.

 20대는 취업, 배우자, 돈을 큰 과제로 여기지만 '돈'이라는 하나의 문제로 요약할 수 있다.

 미국의 자료에 따르면 10년 간 일자리가 늘어나지 않았고, 1인당 소득도 감소했는데 미국은 이 기간동안 19% 성장을 했다. 소득과 일자리가 늘지 않았는데 증가한 부가가치의 몫은 어디에 있는

가. 이것이 시장중심주의의 승자독식 현상이다. 신자유주의라는 자본산업만 증가하면서 기회불균등의 세상에 20대가 놓여 있다.

패널 4　2년동안 내 강의를 기다리던 학생이 수업시간과 겹친다고 듣지 않는 선택을 하는 것은 눈 앞의 이익 때문이다. 라디오, TV, 인터넷의 광고시장에서 가장 안정적인 곳을 라디오로 선택하는 20대, 변화가 거의 없는 라디오 시장을 안정적이라고 생각한다. 거꾸로 20대의 불안증을 반영하는 결과이다. 안정에 대한 개념을 성장동력으로 보는 것이 아니라 변화없이 가만히 있는 것으로 본다. 20대는 변화의 욕구보다는 현상유지를 원한다.

패널 2　20대의 문제는 이미 사회문제이다. 20대에 투자하는 부모 세대는 노후문제를 안고 있어서 전 세대의 문제가 된다.

방청객 의견

문 1　20대 불안은 가치관 부재에서 온다. 입시위주의 교육이 대학입학 후 경쟁적인 취업공부로 이어져 삶을 진지하게 돌아볼 기회가 없다. 고교교육의 방향성을 질문한다.

답　고교교육에는 희망이 없다. 자신이 왜 대학에 가는지 모르고 있다. 교육제도의 근본적인 변화가 필요하다. 솔직하게 세대간 간극 극복을 위해 새로운 논의가 있어야 한다. 이 상태가 계속되면 승리자 없는 경쟁 속에 국가가 파탄이 날 것이다.

문 2　요즘 대학생들, 아침에 학원, 방학에 공모전 준비, 해외봉사 활동 등 어떤 세대보다 치열하게 살고 있다. 그런데 이 노력이 희미한 빛 하나에 모두 맞춰져 있다는 것이 문제이다. 술 마시고 랭보시집을 읽는 일을 아무도 알아주지 않는다. 도전하다 실패하면 다시 일어서기 어려운 현실이 있다. 20대 질타만 하지 말고 같이 모색하자.

패널 2　20대 열심히 살고 힘들어하는 걸 잘 알아서 안쓰럽다. 이 방송을 보고 사회적인 문제로 공론화해서 토론해 보는 게 어떤가.

문 3　부모님에 대한 부채의식으로 효도해야 한다는 생각 때문에 라디오 시장이 안정적이라고 본다. 위험한 일을 부모님 생각하느라 시도할 수 없다.

패널 4　20대의 치열한 삶은 스펙경쟁으로 불안을 더욱 가중시킨다. 스펙에 대한 관점을 바꾸자. 대학시절 독서량의 스펙, 즉, 이력서에 읽은 책이 회사업무에 어떤 도움을 주는지 쓰는 것 등으로 변화해야 한다.

패널 3　20대에게 스펙경쟁을 시키면서 취업 가능하도록 만든 사회구조가 문제이다. 구조적 불만에 대해 개인적인 불만 표시로 순치되어버리면 사회시스템의 변화는 일어나지 않는다. 변화가 필요없는 기성세대를 두렵게 만들 방법을 고민해야한다.

패널 2　어떤 일을 하다가 실패하면 부모에게 부담을 지우게 된다는 생각이 20대의 발목을 잡는다. 먼저 부모에게 내가 하고 싶은 일을 할 수 있는 기회를 달라고 말하자. 부모세대도 반성이 필요하다.

패널 1　취업압박, 돈, 대학전체가 불안을 달래주지 못하고 부추긴다. 대학의 본래 기능인 최고급 지식을 배우고 사회에서 신뢰를 얻을 수 있으면 어떤 회사에 취직하더라도 적응할 수 있다. 현재 대학은 대기업 연수학원 비슷하게 변했다. 돈 취업 이전에 스스로 삶의 가치를 세우는 시간이 있어야 하는데 사회도 그런 기회를 주지 않는다.

방청객 질문

문 1　취업을 위해 한점 빛을 향해 무한질주하는 20대에게 하고 싶은 말은 무엇인가

답　빛을 보지만 내가 원하는 빛인가를, 내가 뭘 원하는가를 모르는 것이 문제이다. 이력서 밖에 있는 경쟁력을 키워야 한다. 스펙의 관점이 아니라 성장의 관점에서 대학생활을 해야 한다. 이때 실패는 성장의 동력이 된다. 자기소개서 질문 가운데 당신 인생에서 가장 힘들었던 실패는 무엇이고 어떻게 극복했는가를 묻는다. 이때 답을 쓰고 읽어보면 모든 사람들이 겪는 것이고 별것 아니다. 과감하게 실패조차 할 수 없는 게 안타깝다.

문 2　중1도, 대학생도 대기업 취업이라는 같은 꿈을 꾼다는 것은 진로교육이 전무하다는 것을 증명한다. 어떻게 해야 하는가

답 　다양한 경험을 소유한 사람이 교사가 된다면 훨씬 바람직한 교육을 할 것이다. 교사가 되는 길도 시험으로 끝내는 것이 아니라 학년 과정에서 다양한 문화자산을 쌓을 시간을 주고 논문을 쓰게 해서 시험에 반영하는 방법도 있을 수 있다.

문 3 　전공을 선택하지 못한 대학생들, 어떻게 자기진로를 탐색할 수 있는가.

답 　핀란드는 고2때 오리엔테이션 코스로 진로모색을 한다. 대학입학 여부, 직업선택 등의 고민을 안고 6개의 직장을 인턴방식으로 다닌다. 그리고 대학진학 여부와 취업을 선택한다. 청소년시기에 국가가 제도적으로 방향을 찾을 수 있는 시간을 마련할 필요가 있다. 대학은 집중적으로 공부할 시간이므로 우리나라 학생들은 공부다운 공부를 할 수 없다. 공부여부도 청소년기에 정해야 한다.

문 4 　실제 하고 싶은 걸 찾아도 글로벌자본에 집중되는 일이 아니면 돈을 벌 수 없다.(홍대에서 밴드를 하는 경우) 하고 싶은 것이 없어서 문제가 되는 게 아니다.

패널 2 　대기업 자본의 증식이 개개인의 삶과는 무관하다는 사실을 직시할 필요가 있다. 학교에서 전인교육 실시하면 학생들은 모두 전학할 거고 학교는 문닫는다. 대기업의 성장에는 사회적 배려와 국민세금이 큰 역할을 했는데 이것을 인정하는 대기업은 없다. 이런 현실을 직시하고 목소리를 높여야 하는데 20대 스스로 오히려 잘 보이려고 하고 순치되어 있는 것이 문제이다.

 개인의 문제를 사회적인 시각에서 보고 힘을 모아야 한다. 여성운동도 그렇게 출발했다.

 성장과 고용이 동행할 수 없는 경제구조를 인정해야 한다. 안정적인 공무원이 되는 일을 생각해보자. 12명 뽑는 교과부 교육관리직에 10만명이 넘는 사람이 지원하는 현실, 고급인력의 낭비이다. 안정적인 취업으로 모두 만족할 수 있는 경제구조가 아니다. 가치 인정의 범위를 넓혀야 한다. 경제성장 위주의 경쟁으로는 절대 만족할만한 취업자리는 없다. 고도성장의 시간은 이제 과거의 일이다.

 학생들의 꿈이 거의 비슷하다는 것은 다양성이 없다는 것이다. 기업에서도 인재를 뽑을 때 다양한 시스템을 개발해서 잠재력 있는 사람을 선발하면 좋겠다. 기업체의 면접 시스템이 변해야 한다. 5명씩 줄줄이 앉아서 2~3가지 질문을 몇 분 내로 대답하고 합격이 결정되는 구조는 비인간적이다. 지원자의 내면을 충분히 알 수 있는 면접장치가 필요하다. (그러나 기업 스스로 그걸 개발하기는 어렵다)

 대기업 임직원 자녀의 재입사율이 높아 출발선상에서 평등할 수 없는 현실극복을 위한 제도 마련이 시급하다. 필요한 쪽에서 요구를 해야 한다. 필요 없는 사람은 굳이 말을 꺼내지 않는다. 거대한 빙산에서의 균열도 조그마한 빈틈에서 발생하는 것이므로 문제의 해법은 우리에게 있다.

 우리의 비정규직법안, 학자금상환제도에 대해 대학생들은 문제점을 지적하고 있는가. 20대 연대의 힘이 필요하다.

방청객 의견 2 과거에는 차별이 직접적으로 피부에 와닿았지만 현재에는 모든 차별이 개인의 능력부족으로 다가온다. 거대한 구조안에 미세한 내부문제를 구조적 시선으로 볼 수 있는 힘이 필요하다. 취업 못하는 것이 영어실력의 부족으로 정리된다면? 그렇다. 사회구조적 모순이 내면화되어 개인의 능력부족으로 이해하고 만다.

패널 2 청년실업률 24.3%. 4명 중 1명이 미취업, 이것을 개인 능력부족으로 설명할 수 있는가. 구조의 문제가 있지 않은가.

방청객 질문 1 기업은 인간을 볼 수 없다. 인간내면을 보고 뽑아야한다는 발상은 불가능하고 위험하기도 하다. 노동을 가치로 따지고 경제적인 대가를 지불하려고 하는 데서 비극이 시작, 무슨 일이든 먹고 살만큼 똑같이 받으면 안 되는가.

패널 1 함께 살아갈 수 있는 능력이 충분히 있고, 방향을 돌리면 함께 살 수 있는 능력을 한국은 이미 갖추고 있다. 그리고 세계를 재패하는 20대 정치인이 나왔으면 좋겠다. 스포츠 선수, 한류스타 이외, 20대쿼터제, 기초자치단체 수준에서라도 이 쿼터를 만들어야 선거에 참여할 수 있게 만들면 변화하지 않을까.

쟁점3. 20대 고민 어떻게 해소할 것인가

방청객 의견 1 희망이 없는 현실, 모두 다 하고 싶은 일을 할 수 없는 현실극복을 위해 세대간 연대가 가능한가. 개인적인 취업성공의 방법이 아닌 연대의 방법에 무엇이 있는가

　국가가 할 수 있는 일을 20대가 연대해서 요구하라. 그래도 들어주지 않는다면 기성세대를 버려라. 단, 일단 문을 두드리자.

　스스로 20대가 할 수 있는 일, 20대끼리 할 수 있는 일을 찾아보자. 주거권문제의 경우, 대안적 주거형태, 공동생활 등 방법을 모색해야 하는데 책임회피하는 사람들이 있다.

　초등생이 잘못하면 그 잘못을 누구에게 묻는가. 20대를 도와달라. 현재 20대의 한계는 386세대로 불리는 민주화투쟁의 세대에서 비롯하지 않는가. 기성세대는 부채의식을 가져야한다. 20대 중에는 주거권 문제, 청년노동문제, 20대 문제를 다루는 라디오 프로그램 등을 주도하고 있다. 조직의 규모는 크지 않지만 각자의 삶의 영역에서 개별적으로 활동을 하고 있다. 그러니 관심을 가지고 도와달라.

① 토의과정에서 제시된 쟁점은 무엇인가
쟁점1. 신세대 담론 진단하기(요즘 애들은 문제가 많다).
쟁점2. 20대 공통의 고민, 취업은 구조적 문제이다.
쟁점3. 20대 고민 어떻게 해소할 것인가?
② 쟁점을 중심으로 논제를 정해보자.
③ 논제를 정하고 토론 개요서를 작성하자.
④ 실제 토론을 통해 20대의 근본문제와 대안을 고민하자.
⑤ 세대별 문제를 통해 사회문제를 진단하고 해법을 토론하자.

토론을 하기 위해 먼저 준비해야 할 것들이 무엇인지 알아보고 준비하자. 우선 토론주제에 대한 이해가 있어야 한다. 논제의 배경을 파악해야 하며, 논제에 대한 자신의 입장에 따른 자료와 정보를 준비해야 한다. 자신이 찬성하든가, 반대하든가 자신의 입장과 근거를 논리적으로 제시할 수 있어야 하며, 그 과정에서 상대의 입장도 정확하게 알고 있어야 설득할 수 있다. 토론이 실제 진행되면서 필요한 것은 순발력에 가까운 논리적인 자세이다. 상대가 어떤 주장을 할 것인가를 예상하는 토론개요도 정리해둘 필요가 있다. 논제와 관련한 정보와 함께 상대를 배려하는 예의까지 갖출 때 좋은 토론이 완성된다.

오늘날 20대는 88만원세대로 불린다. 우석훈의 『88만원 세대』는 20대의 95%가 비정규직 노동자가 될 것이라는 예측 아래, 비정규직 평균임금 119만원에 20대 급여의 평균비율 74%를 곱한 수치로 즉 88만원의 돈을 받고 일하는 20대 세대를 의미한다. 아래의 글을 읽고 세대의 특징이 어디에서 비롯하는지 의견을 나눠보기로 한다.

　"엄마, 나 그 사람하고 '동거'하기로 했어."

　한국의 16세 소녀가 이렇게 선언했다고 가정해보자. 조용했던 집안의 평화는 순식간에 사라지게 된다. '집안망신'에서 '미친년'에 이르기까지, 상상할 수 없는 최악의 단어들이 난무하고, 가족 간 갈등이 깊어질 것이다. 그러나 그 나이의 소녀가 또래의 어떤 소년을 사랑하고, 함께 살고 싶다고 생각하는 것은 인류 역사의 긴 흐름을 생각해볼 때 아주 자연스러운 현상이다. 그러나 적어도 우리나라에서는 결코 벌어질 수 없고, 벌어져서도 안 되는 일이다. 즉, 우리나라에는 인류의 보편적이고 자연스러운 흐름을 가로막는 무엇인가가 있다. 과연 그것은 무엇일까? 잠깐 배경을 프랑스로 바꿔보자.

　엄마가 묻는다.

　"학교는?"

　"학교는 다닐 거야."

　다시 엄마가 묻는다.

　"대학은?"

　"바칼로레아(대학입학자격시험)는 볼 생각이고, 진학도 할 거야."

　16세의 동거 선언은 유럽 사회에서도 조금 이르다 싶은 사건이다. 하지만, 대부분의 경우 부모는 딸의 미래에 대해 진지하게 고민을 하고, 그야말로 식구들 사이의 토론이 시작된다. 대개의 경우 이런 토론은 '축복'으로 결론이 난다. 어린아이 같기만 한 딸이 사랑하는 사람을 만나 출산과 가족에 대해서 고민하게 됐다는 상황에서 저주를 퍼부을 부모는, 적어도 OECD 가입국 중, 우리나라 외에는 거의 없다. 오히려 고등학교를 졸업하기까지 남은 2년의 시간을 어떻게 할 것인가 혹은 출산은 어떻게 할 것인가 등에 대해 아주 구체적인 고민을 함께 시작할 것이다.

　그러나 우리나라의 경우 절대 부드럽게 진행되지 않는다. 부모로서의 본성과 딸의 삶에 대한 애정이 달라서가 아니다. '그' 사회와 '우리' 사회 사이에는 적지 않은 차이가 존재하고, 그 차이는 꽤 '슬픈 무엇'이다. 단지 문화적 차이나 사회적 차이만이 아닌 무엇인가가 더 있다. 좀 더 정확히 말하자면, '경제구조'가 다른 것이다. (우석훈, 『88만원 세대』)

김종철이 쓴 「결국은 교양의 문제다」라는 한겨레신문 기사이다. 노일 전쟁 때 일본인 장군이 보여준 모습에 대해 어떻게 평가할 수 있겠는가. 자신의 아들, 그리고 일본인 병사의 생명을 앗아간 적장을 대하는 일본의 장군을 두고 여러분은 어떤 입장에 설 것인가. 함께 토론해 보자.

노일전쟁 때의 일화다. 노일전쟁의 영웅으로 지금도 일본인들이 기리는 육군대장 노기 마레스케는 자신의 두 아들을 포함한 수많은 병사의 희생 끝에 여순 함락에 성공했을 때, 러시아군 지휘관 스테셀의 항복을 받는 자리에서 적장(敵將)의 자존심을 건드리지 않고 지극히 공손한 자세로 대했던 것으로 유명하다. 그는 패장이 무장해제를 당하지 않고 회담장에 들어오도록 배려했고, 러시아군의 용기와 전술의 훌륭함을 아낌없이 칭송했다. 게다가 본국으로 돌아간 스테셀 장군이 군법회의에서 사형선고를 받자, 노기 대장은 파리 주재 일본 무관을 통해 스테셀 구명운동을 전개하기도 했다.

전쟁이라는 절체절명의 엄혹한 상황에서, 게다가 자신의 아들들이 목숨을 잃었는데도 상대에 대한 예를 잊지 않아야 한다고 생각하는 것, 이런 정신적 기율이야말로 인간을 드높이는 소중한 자산이다. 그리고 이것은 저절로 되는 게 아니라, 오랜 세월에 걸친 인문적 교양과 문화적 축적의 결과라는 것은 말할 필요가 없다.

(한겨레신문, 2009년 5월 30일 기사)

아래의 요소를 고려해서 논제를 정하고 입론, 교차조사, 반박하기의 토론 전과정을 개요로 작성하고 함께 토론을 하자.

- 일본인 장군의 특별한 점은 무엇이며 일본인의 사랑을 받는 이유는 어디에 있는가?
- 일본인 장군은 아버지로서 입장이 전혀 보이지 않는다고 비판할 수 있는가?
- 전쟁 승리의 배경에는 장군의 아들과 수많은 병사가 죽음이 있다. 이들의 죽음에 대해 어떤 의미를 제시할 수 있는가?

우희종의 창비주간논평 「생태계에 무신경한 시각 뒤돌아봐야」라는 글이다. 구제역으로 몸살 앓는 상황에서 객관적인 평가와 진단이 몹시 필요하다. 우리의 자세는 어떠해야 하는지 토론해보자.

> 구제역(口蹄疫)으로 나라가 시끄럽다. 연일 확산되는 추세와 더불어 매장되어 목숨을 잃어가는 많은 동물들의 참혹한 광경이 이제 일상적인 것인 듯 여겨질 정도다. 질병확산 방지라는 명목으로 방역당국에 의해 희생되는 동물의 수도 하루에 몇만 단위로 늘어나고 있다. 이런 소식을 접한 시민들은 당연히 여러 의문을 지니게 된다. 정리해보면 크게 둘이다. 과거에는 못 보던 이런 험한 모습이 어째서 자주 등장하는 것일까? 과연 이런 식의 대량학살만이 유일한 선택인가?
>
> 사실 구제역 발생이 동물의 대량학살로 이어지는 이유는 비교적 간단하다. 구제역의 치사율이 성체(成體)에서 낮아도 어린 동물에게서는 높게 나타나고 전염력 또한 매우 강하다는 것 말고도, 질병에서 회복된 동물은 성장이나 사료 효율 등 경제성이 떨어지기 때문이다. 그렇기에 질병 확산을 막는 안전지대 확보를 위해 일정 거리 내에 있는 대상 동물들을 살처분(殺處分)하는 것이다.
>
> (창비주간논평 「생태계에 무신경한 시각 뒤돌아봐야」)

구제역을 바라보는 인간중심주의에 대해 객관적인 분석을 해보고 동물과 상생하는 방법이 무엇인가를 토론해보자. 역시, 입론, 교차조사, 반박하기의 개요를 짜보고 함께 토론하자.

- 구제역 발생을 두고 언론보도는 문제가 없었는가?
- 구제역에 걸린 가축에 대해 살처분하는 방법이 최선인가, 아니면 대안이 있을 수 있는가?
- 다른 나라의 경우, 구제역 발생시 어떻게 대처하고 있는가?
- 구제역 발생의 근본문제를 짚어낼 때, 해결점을 찾을 수 있는 것이 아닌가?
- 인간에게 단백질 공급원인 고기로만 인식하는 우리 인간중심주의 사고는 동물의 권리에 피해를 주고 있지 않은가?

제3장

합리적인 의사소통의 방식

1 주장과 의견

인간은 생각하는 동물이다. 생각은 나의 존재로부터 비롯된다. '나'라는 주체가 없이는 생각도 없다. '나'라는 주체가 있게 되면서 '나의 생각'이 있게 된다. '나의 생각'은 '나라는 존재'가 자신의 '의견'을 갖는다는 점을 의미한다. '나의 의견'을 갖게 되면, '나의 주장'이 있게 되고, '나의 주장'을 다른 존재에게 전달할 필요성이 생겨나게 된다. '소통'이 문제가 되는 상황이 발생을 하는 것이다. '소통'이란 '나의 주장'을 다른 사람들이 '이해'하게 만드는 것을 목적으로 한다. 그것은 단순한 생각이 아니라 '전하고자 하는 생각'을 전제로 한다.

'나의 생각'은 '소통'이 문제가 되는 것이 아니다. '생각'은 특별히 목적을 전제하지 않고 진행될 수도 있다. 생각은 자유로운 것이고, 어떤 책임을 갖는 것이 아니다. 생각은 망상이거나 환상일 수도 있고, 진행되다가 말아도 되며, 불합리하거나 부도덕한 것이라도 상관이 없다. '생각'의 차원에서는 모든 경우가 다 가능할 수 있는 것이다. '생각'이 특수한 목적을 갖게 될 때, 그 목적에 의해서 '생각'은 일정한 제한을 당하게 된다.

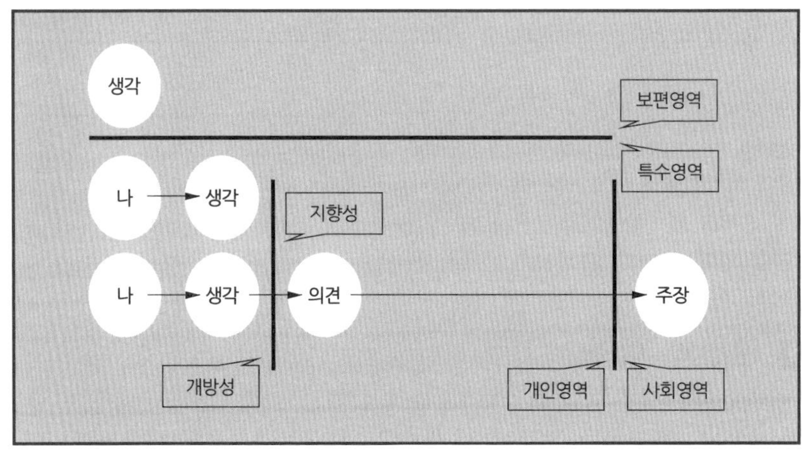

이를테면 우리는 우선 '생각' 자체와 '나의 생각'을 나누어 볼 수 있
다. '생각'자체는 '생각'이 놓여 있는 보편성의 영역인데, 그것은 철학이
취급하는 영역이다. 이 '생각' 자체는 우리의 발표와 토론에서는 의미를
지니지 못한다. 그것이 우리의 발표와 토론에서 의미를 지니기 위해서는
'생각' 자체에 대해 우리가 '나의 의견'을 갖추어야 한다. 즉, 우리가 '생각'
의 철학을 진행시켜 '나의 의견'을 만들어 가진 다음에야 그것은 우리의
발표와 토론 속으로 들어올 수 있는 것이라는 말이다.

우리의 발표와 토론 속에서는 '나의 의견'이 필수적이다. '나의 의견'
을 갖기 위해서는, '나'라는 주체가 있어야 하고, '나'라는 주체의 '생각하
기'가 있어야 한다. '나의 의견'은 '나'라는 주체에 의해 수행되는 모든
생각을 향해 다 열려 있는 것은 아니다. 그것은 '나의 생각'을 일정하게
제한하는 '목적'을 갖게 됨으로써 드러나게 된다. '나의 의견'은 '생각'이
'의견'을 만들어낼 수 있을 정도로 진행되기를 요청한다.

‘의견’을 갖는다는 것은 적어도 두 가지 상황을 전제로 한다. ‘의견’이 필요한 상황과 ‘의견’을 생산할 수 있는 상황이 그것이다.

‘의견이 필요한 상황’은 생각의 주제를 떠올린다. ‘의견을 생산할 수 있는 상황’은 ‘나의 생각’이 그 ‘주제’를 중심으로 받아들여 일정한 정도의 생각의 과정을 진행시켜 나가서 얻어낸 어느 정도의 ‘명료한 생각’을 떠올린다. 주제가 갖추어짐으로써 생각은 그것을 중심으로 하여 진행되고, 일정한 지향성을 드러내게 된다. 그 생각의 지향성이 만들어 내는 것이 생각의 결과이다.

물론 생각의 결과는 과정적인 것으로서 나타날 수도 있고, 최종적인 것으로서 주어질 수도 있다. 그리고 최종적인 것으로 주어진다고 하더라도, 언제나 그 결론이 과정적인 것으로 환원될 수 있는 가능성은 열려 있게 마련이다. ‘나의 생각’이 진행되고 있는 나의 사고과정은 일사부재리의 원칙이 지배하는 생각의 법정이 아니기 때문이다.

나의 사고과정 속에서 나는 같은 주제 속으로 반복적으로 들어갈 수 있다. 나의 사고과정이 같은 주제 속으로 다시 들어가게 되면, 나의 사고과정은 그 주제에 대한 기왕의 생각하기 양상을 반복적으로 재현할 수도 있고, 발전적으로 수정할 수도 있다.

‘나의 의견’은 ‘나의 생각’이 일정한 주제를 지속적으로 지향하여 만들어 낸 과정적인 결과물이다. 그러한 결과물이 아직 나의 생각 속에 머물러 있을 때 우리는 그것을 ‘나의 의견’이라고 한다. ‘나의 의견’은 자신의 생각 속에 남아 있을 수도 있고, 다른 이들을 향하여 표현될 수도 있다. 우리가 그것을 다른 이들을 향하여 표현하였을 때, 그것은 '나의 주장'이 된다. 그러므로 '나의 의견'은 개인적인 영역에 놓여지는 것이지만, '나의 주장'은 사회적인 영역으로 옮겨지는 것이라고 하겠다.

2 생각과 명료성, 그리고 독창성

생각은 자유로움을 바탕으로 한다. 그것은 사고력과 상상력에 의하여 주재된다. 사고력이 없으면 생각은 시작될 수가 없다. 상상력이 없으면 생각은 자유로울 수가 없다. 상상력은 생각을 다양하게 만들어주는 것이고, 사고력은 생각이 형체를 갖추도록 만들어 주는 것이다. 사고력은 생각의 본질을 이루는 것이고, 상상력은 생각의 가치를 결정하는 것이다.

사고력은 생각의 질서를 드러내고, 상상력은 생각의 다양성을 이끌어낸다. 사고력은 이해하고 분별하는 능력이다. 상상력은 꿈꾸고 설계하는 능력이다. 사고력은 기능적인 특성이고, 상상력은 창조적인 특성이다.

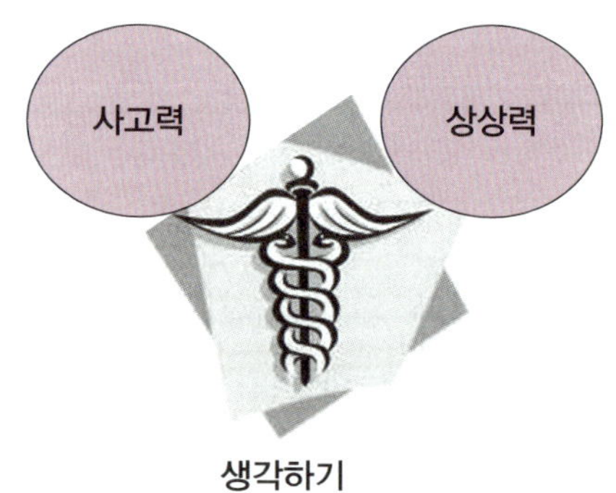

생각하기

생각하기는 사고력과 상상력을 두 날개로 하여 진행된다. 이 두 날개는 모든 사람에게 주어져 있는 것이지만, 사람마다 다르게 주어져 있는 것이기도 하다. 그 차이는 다양하게 말하여질 수 있다. 상상력이 사고력보다 강하거나, 사고력이 상상력보다 강한 사람, 그 둘의 균형이 잡혀져 있는 사람 등이 있을 수 있다. 그러나 사고력이 없는 사람이나 상상력이 없는 사람은 있을 수 없다.

사고력이 강한 사람은 이해와 추론에서 그 능력을 크게 발휘할 수 있다. 상상력이 강한 사람은 독창성을 발휘할 수 있다. 사고력이 강한 사람은 '바른 의견'을 만들어 낼 수 있다. 상상력이 강한 사람은 '나만의 의견'을 만들어 낼 수 있다. '나의 의견' 속에서는 이 두 가지가 고르게 나름의 기능을 수행하여야 한다. '나의 의견'은 '바른 의견'이어야 하고, '나만의 의견'이어야 한다. 그것이 '바른 의견'이 아니라면, 그것은 하나의 '의견'으로서 정립될 수 없다. '바른 의견'은 '나의 의견'이 갖추어야 하는 기본조건인 것이다. 그것이 '나만의 의견'이 아니라면, 그것은 하나의 '독립된 의견'으로서의 가치를 지닐 수 없다. 이것은 '나의 의견'이 갖추어야 하는 이상적 조건이다. 전자는 필연적으로 갖추어야 하는 것이고, 후자는 갖추면 좋은 것이다.

'생각하기'가 '나의 의견'을 만들어 내기 위해서는 생각이 명료성을 갖추어야 한다. 생각의 명료성은 지속성, 연장성의 소산이다. 지속성은 생각하기의 주제가 일정시간 이상 생각하기의 과정을 이끌어 감을 의미한다. 그 시간은 산술적으로 계산될 수 있는 것이 아니다. 그러나 일반적으로 말하자면, 심각한 주제의 경우에는 더 많은 시간이 요청된다고 할 수 있다. 물론 '주제의 심각성'이나, 그 주제에 대해 '어느 정도의 생각하는 과정이 진행되면 충분할 것인가' 하는 것들은 주관적으로 판단될 수밖에 없는 문제이다. 여기에서의 지속성이 생각하기에 투입되는 시간을 말한다면, 여기에서의 연장성은 생각하기의 내용이 갖추어내는 양상을 말한다. 그것은 우리의 사고가 진행되어 나가는 방식이라고도 이야기할 수 있다.

생각은 어떻게 진행되어 나가는가? 생각은 여러 가지의 자료들을 떠올리고 그 자료들 사이에 다양한 관계망을 만들어 나가는 방식으로 진행된다. 어떤 하나의 주제가 지속적 시간 속에서 우리의 관심을 끌 때, 상상력은 그 주제와 연관되는 다양한 생각들을 떠올려 주고, 사고력은 그 다양한 생각들을 이해하고 분별하여 종합적으로 정리한다. 그것은 생각의 자료들이 주제를 중심으로 하여 종적, 횡적인 연장성을 갖추어나가는 것을 의미한다. 횡적으로 생각의 자료들은 상호 연관되면서 생각의 범위를 넓혀가고, 종적으로 생각의 자료들은 서로 연관되면서 생각의 깊이를 만들어 나간다. 그렇게 종적으로, 횡적으로 일정한 연장성을 획득하여 나가면서 생각은 점점 명료하여 지는 것이다.

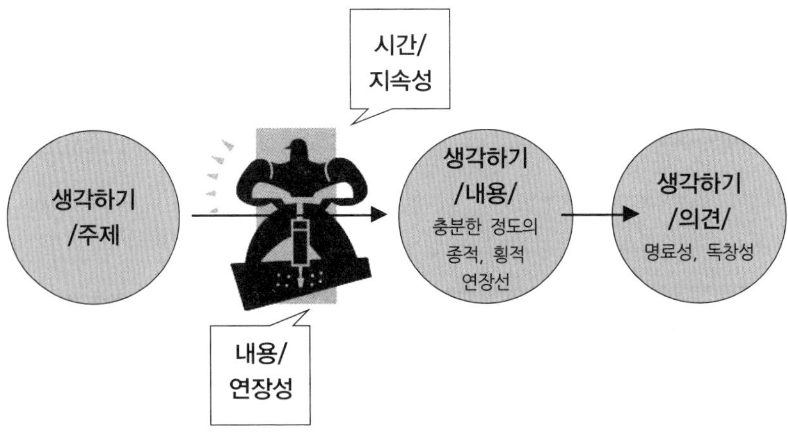

생각의 명료성이란 그 생각이 이미 우리 인생과 맺고 있는 종합적인 관계를 지금의 우리 생각이 얼마나 점검하고, 얼마나 밝혀내서, 지금의 생각과 유기적 관계를 맺게 하였느냐 하는 문제이다. 충분하다고 여길 수 있을 정도로 그 관계망이 확인되었다면 우리의 생각은 명료성을 얻었다고 할 수 있을 것이다. 우리의 의견은 그 '충분한 명료성'을 바탕으로 하여 만들어진다. 물론 우리는 '절대적 명료성'을 추구할 수 있다. 그렇지만 '절대적 명료성'에 도달하지는 못하고, 언제나 '충분한' 정도에서 '의견'을 만들어내는 것으로 만족하게 된다.

우리가 그 생각의 명료성을 만들어 나가는 과정 속에서 다른 이들이 점검하거나 밝혀내지 못한 관계를 포함시킬 수 있었다면, 우리의 생각은 '명료성' 외에 '독창성'을 덧붙여 가질 수 있게 될 것이고, 그 생각에 바탕을 두고 만들어진 우리의 의견도 역시 독창성까지 함축하는 신선한 것이 될 수 있을 것이다.

공부 1) **생각하기**

주제 : **나는 누구인가?**

① 다섯 가지 답변 만들어 보기
② 열 가지 답변 만들어 보기
③ 스무 가지 답변 만들어 보기

❸ 생각과 스스로 깨우치기

생각은 나에게 속하여 있는 것이다. 그러나 우리는 항상 이것을 인식하고 있지는 못하다. 이것을 인식하고 있는 사람은 스스로 생각하기 위한 노력을 수행한다. 이것을 인식하지 못한 사람은 다른 사람의 의견을 따르는 것으로 만족한다. 다른 사람의 의견은 이미 드러나 있는 것이다. 그것을 얻기 위해서 우리는 '듣는' 수고를 하고, '이해'하는 사고를 하는 것으로 충분하다. 그것은 어떤 생각을 갖는 데에는 수월한 방법이다. 그러나 그것은 나의 의식을 반영한 생각이라고 할 수는 없다. 나의 의식을 반영하기 위해서는 내가 스스로 생각하지 않으면 안 된다.

전통적으로 동양에서 생각은 스승의 것이었다. 예를 들어서, 이황은 주희를 자신의 큰 스승으로 받아들이고, 주희의 사상을 배우고자 하였다. 그것은 주희가 바른 생각을 하였다는 것을 전제로 한다. 주희는 그럼 어떠한가? 주희에게 있어서도 이황의 경우와 마찬가지이다. 이황이 주희의 생각을 바른 생각으로 전제하고 있듯이 주희는 공구의 생각을 바른 생각으로 전제하고 있다. 공구는 어떠한가? 상황은 공구에게 있어서도 크게 다르지 않다. 공구는 스스로 자기 사상의 독창성을 내세우지 않는다. 그는 '요임금, 순임금, 문왕, 무왕'의 생각을 종합하고 체계화 하여 유학이라는 사상을 제출하였음을 분명히 한다. 앞선 사람의 생

이유태, 「이황 초상」, 1974년

각을 이어받아 자신의 생각으로 제출하는 것은 동양적 공부론의 중요한 방법론인 것이다.

그러면 동양적 공부론 속에는 스스로 생각하기란 없는 것인가? 그렇다고 말할 수는 없다. 동양적 공부론 속에서도 스스로 생각하기란 중요하다. 공구는 '스승으로부터 받아들이는 생각'과 '스스로 생각하기' 사이를 다음과 같은 말로 규정하여 준다. "배우기만 하고 생각하는 것이 없으면 어둡게 되고, 생각하기만 하고 배우는 것이 없으면 위태롭게 된다."(《논어》, 〈위정편〉) 여기서 '배움'이란 책으로 익히고, 스승에게 들어서 아는 것이다. 여기서 '생각함'이란 스스로 깨우치는 것이다. '배움'은 지식을 가져다준다. '깨우침'은 그 지식을 자신의 생각과 행위의 준칙으로 삼아 힘을 갖게 하는 것이다. 전자를 '지식'이라 한다면, 후자는 '지혜'라 할 수 있을 것이다.

동양적 전통 속에서는 안다고 해서 다 아는 것이 아니고, 배웠다고 해서 다 배운 것이 아닌 독특한 상황이 존재한다. 이것은 앎을 실천과 연관시켜 받아들이는 문화적 바탕이 마련되어 있었기 때문이다. 머리 속에서의 앎이란 이해되는 것으로 충분한 것이지만, 생활 속에서의 앎이란 의식과 행위에 대한 실제적 지도력을 갖추어야만 한다. 앎이 생활 속의 지도력을 갖추기 위해서는 피상적으로 아는 것으로는 충분하지 않다. 절실하게 아는 것이어야 한다. 그것은 스승의 생각으로 받아들여진 것에서 그치는 것이 아니라, 철저한 반성과 성찰의 과정을 거쳐서 절실한 스스로의 생각으로 재탄생하지 않으면 안 된다. 다음과 같은 이황의 말은 유학적 전통 속에서 생각이 갖는 이러한 특징을 우리에게 분명하게 확인시켜 준다.

　"성인의 학문이 날로 점점 내면에서 구현되어 높고 밝은 단계에 이르게 되면 문자의 이치나 언어의 의미를 통하지 않더라도 통달하지 않을 수 없는 부분이 많아진다. 단지 문자의 뜻이나 글귀들을 읽는 것만 알 뿐 그 실질을 스스로 얻는 것이 없다면 성인의 학문은 아무 보탬이 될 수 없다."(≪퇴계전서≫, 4권, 73~74쪽.)

　'글로 익히는 것'은 '스스로 얻는 것'으로 환원되지 않으면 안 되는 것이다. 이렇게 동양적 전통은 배움이라는 것을 생활 속의 실천의 문제와 결부시킴으로써 절실한 자각이 필요한 것으로 만들어 버리고, 스스로 생각하기의 치열성을 이끌어내기에 이른다. 스승을 필두로 하는 다른 이들의 생각은 자신의 생각이 그것에 기대어 움직여 나가게 하고, 또 자신의 생각이 독선에 빠지지 않게 균형을 잡아주는 기능을 수행하는 것이다.

　'나의 의견'을 만들어 나가는 것도 이것과 다르지 않다. '나의 의견'이 '바른 생각'이 되게 하기 위해서 우리는 될 수 있는 한 많은 자료를 받아들여 생각이 횡적으로, 종적으로 풍부한 관계망을 갖추도록 해야 한다. 생각이 풍부한 연장성을 갖출수록 그 생각은 바른 것이 될 가능성이 커지게 마련이다. '나의 의견'이 '독창적인 생각'이 되게 하기 위해서 우리는 스스로의 특수성에 바탕하여 모든 자료들이 점검되고 번역되는 과정을 통과하도록 노력하여야 한다. 그런 과정을 거치면서 '생각'은 점점 '나의 절실한 깨달음'으로 변모되어 나가고, '나만의 독창적인 의견'으로 정립되게 되는 것이다.

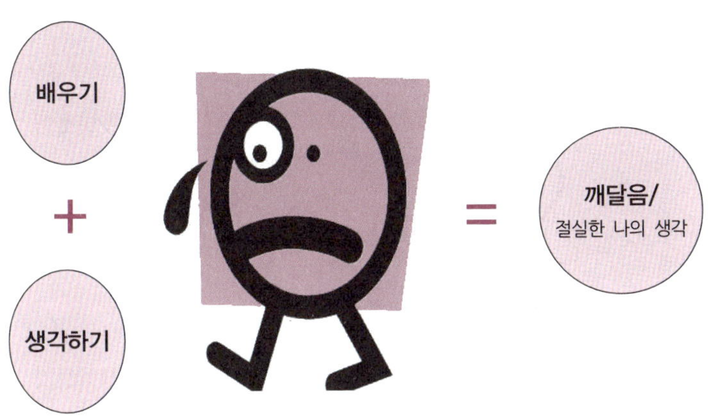

4 생각과 비판적 사고

생각은 필요에 의해서 행하여진다. 필요가 없는 자리에서는 생각도 없다. 생각 할 필요가 있다는 것은 해결해야 하는 문제가 있다는 것을 의미한다. 여기에서 그것은 주제라는 개념으로 지칭된다. 주제는 지금 우리의 사고력 앞에 던져져 있는 문제이다. 주제를 앞에 두고 우리의 사고기능은 작동을 하게 된다. 우리의 사고기능이 작동하는 방식은 경험적이고 관습적이다. 주제를 앞에 두고 우리가 처음으로 하는 생각이 무엇이냐 하는 것은 중요한 문제이다. 우리는 주제에 대하여 반응하는 우리 자신의 태도를 눈여겨 볼 필요가 있다.

어떤 주제를 대하는 우리의 태도는 두 가지로 대별될 수 있다. 하나는 '이 주제에 대해 좋은 생각이 이미 제출되어 있을 것이다' 라고 생각하는 것이다. 다른 하나는 '이 주제는 내가 해결해 내야 하는 문제이다'라고 생각하는 것이다. 앞의 경우는 '듣기 형 인간'이라고 할 수 있고, 뒤의 경우는 '말하기 형 인간'이라고 할 수 있다.

'듣기 형 인간'은 다른 사람들로부터 의견을 구한다. 그들은 자료 속에서 대답을 찾고, 사람들을 만나 질문을 던진다. 그들은 '이해'를 통해 문제를 해결하고자 하는 입장을 갖는다. 그들은 항상 '이것으로 대답이 될 수 있어'라고 말 할 준비가 되어 있는 사람들이다.

'말하기 형 인간'은 자기 스스로의 힘으로 문제를 해결하려 한다. 그들은 자료를 찾아보더라도 그것을 자료로서 받아들이지 대답으로 간주하지 않는다. 그들은 다른 이들의 의견을 구하더라도 참고로 삼을 뿐이다. 그들은 찾아 본 자료를 비판적으로 검토하여 적절하지 못한 부분을 찾아내고, 그런 참고자료들을 바탕으로 하여 스스로의 생각을 전개시켜 나간다. 그들은 항상 '이것으로는 대답이 되기 어려워'라는 말을 하는 사람들이다. 그러므로 그들은 스스로 또 다른 답을 찾아 나서게 된다.

종교는 '듣기 형 인간'을 요구한다. 종교는 이미 모든 문제에 대한 답변은 주어져 있다고 말한다. 그들은 그 답변을 받아들여 살아가는 것이 사람이 해야 할 일이라고 말한다. 기독교에서 '태초에 말씀이 있었다'라고 하는 것이나, 불교에서 '이와 같이 나는 들었다'고 하는 것은 신적인 권능을 지니는 답변이 이미 주어져 있음을 확인시켜 주는 논법이다. '말씀이 있었고', '말씀을 들었다'면 남는 것은 그 '말씀'을 답변으로 받아들이는 것 밖에는 없다. 종교는 우리에게 그 말씀을 향하여 '귀를 열라'고 강변한다. 우리가 '듣기 형 인간'이라면 우리는 그러한 종교와 좋은 관계를 유지할 수 있다.

우리가 이러한 '듣기 형 인간'이라면 나의 생각은 절실한 사고의 과정을 전개시켜 나갈 필요성을 갖지 못한다. 나의 생각은 '듣고, 이해하고, 받아들이는 것'에 투자될 따름이지, '나의 답변을 만들어 갖기 위한 고투의 과정'을 걸어나갈 필요가 없다. 그와 같이 '듣고, 이해하고, 받아들였음'에도 불구하고, 거기서 발걸음을 멈추지 못하고, '그래도 이것은 최종적인 답변'이 될 수 없으며, '최종적인 답변은 내 스스로가 찾아내야 하는 것'이라는 생각을 하게 된다면, 그런 사람은 자신의 말씀을 갖는 것을 원하는 사람, '자신의 말씀'을 마련하여 '말하기'를 꿈 꾸는 사람, '말하기 형 사람'이라고 할 수 있다.

'말하기 형 인간'은 철학을 하는 사람이다. 철학은 '답변을 의심하기'로 부터 시작된다. '답변을 의심한다'면 스스로 생각해 보지 않을 수 없게 된다. 아직 답변이 주어지지 않았으므로, 그는 생각해야 하는 주제를 갖게 되고, 그의 생각은 지금 여전히 답변을 만들어 갖기 위한 고투를 거듭하지 않을 수 없게 된다. '말하기 형 인간'이 '답변을 의심한다'는 것은 '비판적으로 사고한다'는 것을 의미한다. 그의 비판력은 예리한 칼날처럼 벼려 있게 마련이다. 그의 비판력의 칼날은 신의 권능 앞에서도 무뎌져서는 안 되고, 스스로의 독단 앞에서도 몸을 사려서는 안 된다.

데카르트는 철학적 생각하기의 방식으로 '방법적 회의'를 제출하여 주었다. 그것은 '모든 것을 의심하여 보기'로 특수화 될 수 있다. 그것은 '의심할 수 없는 것'을 찾기 위해서 먼저 '의심하여 보는 것'이다. 마치 다이아몬드를 찾기 위해서 반짝이는 것들을 깨트려 보는 것과 같다. 깨트려 보고, 또 깨트려 보아도 끝내 깨트려지지 않는다면, 그 반짝이면서 깨트려지지 않는 것은 이 세상에서 가장 경도가 높은 다이아몬드가 분명할 것이다. 데카르트 식의 '깨트려보기' 과정 속에서 모든 것은 부정되고 파괴된다. 그러나 데카르트는 '의심하고 있는 나'는 끝내 파괴할 수 없다는 점을 받아들일 수 밖에 없다. '의심하는 나'가 인정된다면 '존재하는 나'도 인정되어야 한다. '의심하는 나의 존재'는 '나의 정신의 존재'이다. 여기까지는 데카르트는 회의하기의 철저성을 잃지 않는다. 그러나 거기서 한걸음 더 나아가면서 데카르트는 철저하게 회의하기의 끈을 놓쳐버린다.

데카르트는 생각한다. '나의 정신의 존재'가 인정된다면, '나의 정신이 사유하는 신'의 존재가 인정되어야 한다. 그러나 '지금 나의 정신이 사유하는 신에 대한 관념'이 인정된다고 하여서 '신이 존재하는 것'은 아니다. '사유된 것'은 '존재하는 것'이 아니기 때문이다. 우리는 '존재하는 것’만을 사유할 수 있는 것이 아니고, ‘우리가 사유하는 것’은 존재하게 되는 것은 아니다. ‘사유’와 ‘존재’는 필연적인 상호관계를 갖지 않는다.

사실 데카르트의 방법적 회의의 과정을 통해서 단단한 지반을 확보한 것은 ‘나의 정신의 존재’일 뿐, ‘나 자신의 존재’도 아니다. ‘정신의 존재’는 그대로 ‘그 자신의 존재’를 보장하여 주는 것이 아니다. 이제까지의 세상 속에서 우리가 ‘정신’이 혼자만으로 있는 것이 아니라 ‘존재’에 속해 있는 것이며, ‘정신’이 현재한다면 ‘존재’가 전제될 수 밖에 없다는 사실을 인정할 수 밖에 없는 경험을 하고 있는 것이 사실이라고 하더라도, 우리가 그러한 경험사실을 개입시켜 추론하지 않는다면, ‘나는 의심하고 있다’라고 하는 것이 필연적으로 ‘나는 존재한다’는 사실을 보증하여 주는 것은 아니다.

데카르트는 방법적 회의라는 생각하기 방식을 통하여 그의 철학을 효과적으로 건설하여 내는 데에는 실패한다. 그러나 데카르트가 철학사 속에서 수행하고 있는 역할은 ‘철저하게 의심하기’라는 비판적 태도를 철학사 속에 장착시켰다는 점에 있다. 그것은 소크라테스의 생각하기 방식을 근대적으로 진화시킨 것이라고 하겠다.

소크라테스의 생각하기 방식은 ‘우리는 모른다. 그러니 생각하여 보자’하는 것에서 시작하여, ‘이것은 정확한 답변이 아니다. 그러니 더 생각하여 보자’로 나아가는 것이다. 소크라테스에게 있어서 생각은 여전히 ‘우리는 아직 모른다’의 상황 속에 놓여져 있는 것이다. 그러므로 그의 생각은 여전히 진행 중이고, 지혜를 구하고자 하는 연모의 과정은 아직 종착지에 이르지 못하고 있는 것이다.

그런데 신은 있는가?

신은 세계를 창조하였다.

이러한 생각하기 방식은 서양철학의 역사를 이끌어 나간다. 그러나 서양의 중세적 전통은 이것과는 다른 것이었다. 서양의 중세는 '신은 모든 것을 알고 있다'는 선언을 한다. 그러한 중세의 지적 전통 속에서는 '신은 있는가?'하는 문제만이 의미를 갖게 된다. 그런데 기독교 세계의 전통 속에서 성장한 중세의 서양철학은 이미 '신은 세계를 창조하였다'는 전제 위에 놓여져 있다. 그러므로 이 질문은 정확하게 말하면 '신은 세계를 창조하였다. 나는 그런 신을 믿는다. 그런데 신은 있는가?'하는 형식을 띄게 되는 것이고, 이미 존재한다고 믿고 있는 신이 '이렇게 존재한다'고 설명하여 주는 이상의 의미를 갖지 못한다.

이와 같은 서양 중세의 전통은 소크라테스적 철학 정신을 사멸시킨 것이라고 하겠다. 데카르트는 그러한 중세적 전통 속에서 '자, 신을 믿어보자'라는 입장을 바탕으로 하여 진행되던 철학적 논의의 양상을 '자,

의심하여 보자. 의심의 과정을 통과하여서 끝까지 남아 있는 것만이 믿을 수 있는 것이다'라는 선언을 통하여 절대적으로 바꾸어 놓고 있는 셈이다. 소크라테스적 철학정신의 부활을 요청하고 있는 것이다.

서양철학의 정신은 소크라테스의 '끝까지 물어보기' 속에 있다. 플라톤이나 아리스토텔레스는 그런 철학 정신을 바탕으로 하여 자신의 철학적 사유를 진행시켰다. 데카르트는 소크라테스의 그런 철학정신을 서양 중세의 정신사 속으로 불러들여서 서양 근세의 정신으로 부활시켜 내는 것이다. 르네상스는 바로 그런 고대정신의 부활이다. '철저하게 의심하여 보기'는 철학적인 영역에서는 인식론에 대한 탐구를 불러오고, 과학적인 영역에서는 관찰과 실험을 통한 검증을 중시하는 근대과학의 시대를 이끌어내게 되는 것이다.

'철저하게 의심하여 보기'는 이렇게 철학정신의 본질과 맞물려 있고, 서양 근대의 출현을 이끌어낸 바탕이다. '철저하게 의심하여 보기'는 비판적으로 생각하기이다. 비판적 사고가 중요한 것은 우리의 생각하기가 믿을 수 없는 자료들을 바탕으로 하여 대충 그럴듯한 답변을 만들어내는 것에 만족할 수는 없는 일이기 때문이다. 목수는 집을 지을 때 먼저 바닥을 다져 단단히 만들어 놓고, 벽돌 하나 하나를 단단한 것인가 잘 확인해 가면서 무너지지 않도록 쌓아올린다. 기초가 허약하여서는 그 위에 아무리 단단한 구조물을 올려 놓는다고 하여도 결국에는 무너지게 마련이다. 기초를 아무리 단단히 다져 놓았다고 하더라도 그 위에 금 가고 부서지기 쉬운 벽돌을 쌓아올렸다면 그 건물은 튼튼하게 오래 유지될 수 없다. 이것은 삼척동자라도 알고 있는 사실이다. 이것은 집짓기의 영역 속에만 놓여져 있는 사실이 아니다. 그것은 우리의 정신의 세계, 앎의 체계를 구성하는 데 있어서도 동일하게 적용될 수 있다.

공부 2) **생각하기**

주제 : **신은 있는가?**

① 있다는 주장 찾아보기
② 없다는 주장 찾아보기
③ 위의 주장들을 비판해 보기

그러므로 우리는 우리의 앎의 체계를 구성하는 데 동원되는 자료들을 하나하나 점검하여 보고, 믿을 수 있는 자료들을 모아들여야 할 것이다. 자료들 하나하나를 목수가 벽돌을 살피듯이 점검해야 하는 것이다. 비판적 사고는 바로 자료 하나하나들을 철저하게 의심하여 보는 태도이다. 그것은 믿을 수 있는 자료를 찾기 위해서 의심하여 보는 것이지 의심하기 위해 의심하는 것은 아니다. 그것이 의심하여보기의 방식을 택하는 것은 그 의심의 불길을 통과할 수 있을 정도의 진리성이 있는가를 시험하는 것이다.

5 비판적 사고 또는 절실한 깨달음과 나의 의견

비판적 사고는 모든 자료를 방법적으로 의심해 보는 것이다, 절실하게 깨닫는 것은 지식을 자신의 삶을 이끌어 나가는 앎으로 환원시키는 것이다. 이것들은 방법적으로는 서로 같지 않지만 그 목적에는 차이가 없다. 생각을 명료하고 진실되게 만들어 나가고자 하는 것이 그것들의 목적이다. 생각이 명료하지 않으면 '나의 의견'은 성립되기 어렵다. 생각이 진실되지 않으면 나의 의견은 설득력을 갖출 수 없다. 나 자신도 명료하게 알지 못하는 것을 바탕으로 하여 좋은 의견이 만들어지기는 어려운 일이며, 설령 좋은 의견이 만들어진다고 하더라도 그것에 대한 신뢰와 확신이 없으므로 그것을 마음을 다하여 주장할 수는 없는 일이다. 스스로도 믿지 못하는 것을 열정적으로 주장하는 것은 바람직한 삶의 태도가 아니다. 그것은 자기 기만이며, 타인의 신뢰에 대한 배반이다.

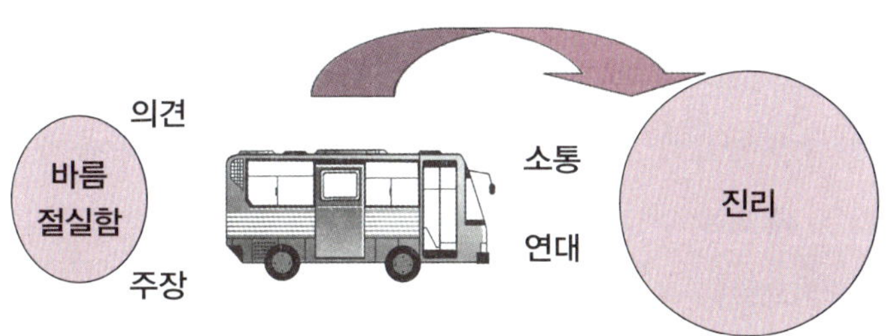

'나의 의견'은 아무렇게나 생각하고, 아무렇게나 주장될 수 있는 것이 아니다. '나의 의견'은 나 자신의 인격을 담는 것이다. '내 생각에는'이라고 하는 것은, 그저 이렇게도 생각될 수 있고 저렇게도 생각될 수 있는 것 중의 하나를 아무렇게나 가볍게 던져놓는 발언의 방식이 아니다. '내 생각에는'이라는 것은, '나 자신'이 알고 있는 지식, 나 자신이 옳다고 생각하는 자료, 나 자신이 그렇게 살아가고자 선택한 삶의 방식 등을 전제로 하여 제시되는 것이다. 우리가 정색을 하고 말하지 않는다고 해서, 그 의견 속에 우리 자신이 담겨지지 않는 것은 아니다. 우리가 우리 자신의 의견을 갖는다는 것은 자기 자신의 삶을 이끌어가는 방식을 갖는다는 것이고, 그 의견을 통하여 타인들과 소통하는 지반을 만들어 갖는 것이고, 그러한 소통을 통하여 타인들과 더불어 하나의 공동체를 만들어 나가는 통로를 마련하는 것이다. 인간은 지적 생물이므로, 그 지식행위를 통하여 자기 자신과 자신의 세상을 만들어 나가는 권능을 갖는다. 나의 의견은 그러한 권능을 실제적으로 구현하는 지분이다.

그렇게 나의 의견은 중요하다. 그렇게 나의 의견은 커다란 권능을 갖는 것이다. 그러므로 그러한 나의 의견을 만들어 나감에 있어서 우리는 될 수 있는 한 진실이 결정적인 역할을 수행하고, 진리가 그 중심에 자리잡게 할 필요가 있다. 절실하게 믿을 수 있는 자료를 바탕으로 하고, 의심스러운 자료는 될 수 있는한 우리의 의견을 조형하는데 참여할 수 없도록 차단할 필요가 있다. 비판적으로 사고하고, 절실하게 바른 것을 찾아나가는 태도야 말로 그 모든 것을 가능하게 하는 방법이라 할 수 있다. 비판적으로 사고하는 것은 의심의 가능성이 있는 자료들을 최소화하는데 기여한다. 바른 것을 절실하게 찾아나가는 것은 우리에게 꼭 필요한 것들에 바탕하여 우리의 의견이 만들어질 수 있도록 이끌어 준다. 이것들은 우리의 의견을 진리에 다가갈 수 있도록 만들어 주는 도구들인 것이다.

우리는 우리의 의견과 주장, 우리의 행위를 진리에 바탕하여 만들어 가질 책임과 의무를 지닌다. 그러나 진리는 확인되기 어렵다. 그렇기 때문에 지금 이 순간 우리의 의견을 진리에 바탕하여 만들어 갖기는 어려운 일이다. 그렇지만 우리는 지금 이 순간 우리의 의견을 진실, 참에 바탕하여 만들어 갖고자 하는 노력은 실제적으로 수행할 수 있다. 중요한 것은 바로 이 점이다.

그런데 만약에 진리가 우리가 끝내 갖추어낼 수 있는 것이라면, 그것은 우리들이 참이라고 믿고, 절실하게 갖추고자 하는 것들과 연관되어 그 모습을 드러내는 것일 터이다. 만약에 지금 이 순간 우리가 참이라고 인정하는 것들, 지금 이 순간 우리가 절실하게 필요하다고 생각하는 것들이 진리로 다가가는 우리의 발걸음을 이끌어 줄 수 없다면, 우리는 우리의 능력을 통하여 실체적인 진리를 갖추어 낼 수 있는 능력이 없다고 할 수 밖에 없는 일이고, 그렇게 우리가 우리의 발걸음으로 찾아갈 수 있는 방법을 갖고 있지 못한 진리라면, 우리의 진리라고 할 수 없을 것이다.

그러므로 실제로 우리의 진리가 있는 것이라면, 그것은 우리가 찾아 가질 수 있는 것이어야 하고, 그것을 찾아 가는 방법은 지금 이 순간 우리가 참을 찾아 우리의 의견으로 삼고, 지금 이 순간 절실한 것을 찾아 우리의 의견으로 만들어 갖는 것일 수 밖에 없을 터이다. 지금 이 순간 내가 참이라고 믿는 것들에 바탕하여 나의 의견을 만들어 갖고, 지금 이 순간 내가 절실한 것이라고 인정하는 것들에 기초하여 나의 의견을 만들어 갖는 노력은, 우리가 실제로 수행할 수 있는 종류의 것이다. 그러한 '나의 의견'은 내가 한 걸음 진리에 가까이 갈 수 있게 이끌어 주고,

그러한 '나의 의견'을 표현하고 주장하는 것은 내가 생각하는 참의 세계를 타인들에게 확산시켜서 결국 내가 그 속의 일원으로 참여하고 있는 공동체를 보다 이상적인 것으로 만들어 가는 초석을 놓는 일이라고 하겠다.

6 나의 의견 갖추기

'나'는 작은 존재이지만, 내가 속한 공동체는 나에 의존하여 존재한다. '나의 의견'은 미미한 것이지만, 내가 속한 공동체, 내가 속한 인간세상의 모습은 그것에 바탕하여 만들어져 나간다. '나'는 공동체에 책임을 져야 하는 존재이고, '나의 의견'은 내가 겨냥하고 있는 이상과 진리에 대해 일정한 권능을 행사하는 것이다. 내가 '나의 의견'을 갖추는 것에 대해 고민하지 않는다면, 내가 속한 공동체는 그 이상과 진리를 실현할 수 있는 방법을 가질 수 없게 된다. '나의 의견'이야말고 진리가 숨 쉴 수 있는 유일한 터전인 것이다.

그러므로 이제 나는 어떻게 하여야 좋은 나의 의견을 만들어 가질 수 있는가를 고민하지 않으면 안 된다. 이러한 고민을 통하여 나는 세계와 그것이 가질 수 있는 진리에 대하여 책임을 다하지 않으면 안 되는 것이다. 세계는 그 스스로 자신의 이상과 진리를 만들어 나갈 수단을 갖지 못하므로, 오직 나에 기대서만 이상을 구현하고 진리에 다가가는 노력을 행할 수 있다. 나는 '나의 의견'을 갖는 것으로부터 세계와 그것이 가질 수 있는 이상이나 진리에 대해 일정한 책임을 다 할 수 있다. 이상과 진리를 고민하는 우리의 제 일보는 사소한 일상 속에서 지금의 바른 의견을 만들어 갖는 데에서 내디뎌진다. 그리고 그러한 사소한 한 걸음 외에 크게 떼 놓을 수 있는 다른 한 걸음을 우리는 갖고 있지 않다. 그 사소한 한 걸음 만이 우리가 가지고 있는 유일한 수단인 것이다.

이 사소한 한 걸음을 잘 떼어 놓기 위해 우리는 최선을 다하여 생각하지 않으면 안 된다. 좋은 의견을 만들어 갖는 것은 좋은 생각을 하는 것으로부터 비롯된다. 좋은 생각은 절실하게 생각하고, 비판적으로 생각하는 것이다.

'절실하게 생각하기'는 지금 나의 한 생각이 나의 진리와 나의 이상, 나의 세계의 모든 것을 결정하는 우주적인 의미를 지니는 것이라는 점을 인식하는 것이다. 공구와 이황을 비롯한 건강한 유학자들에게 있어서는 사소한 일이란 없다. 그들은 옷 입는 것, 말하는 것, 사람 만나는 것, 쉬는 것 등, 일상을 구성하는 모든 사소한 일들이 성인의 사업이라고 생각한다. 옷 입는 것에서 바름을 잃고, 이것은 '성인의 일과 아무 상관이 없으니 옷은 편한 대로 아무렇게나 입어도 돼' 하는 것은 건강한 유학자들의 의식이 아니다. 그들은 지금 내가 법도에 맞게 옷을 잘 입고 있다면 나는 성인의 길에 들어서 있는 것이고, 지금 내가 법도에 맞게 옷을 잘 입고 있지 못하면 짐승이 된 것이라고 믿는다. 그들은 일상의 삶을 살면서 우주의 이상을 걱정한다. 그들은 그들 자신의 일거수일투족이 성인의 세상을 불러 올 수도 야만의 세상을 결과할 수도 있다고 믿는다. 이러한 절실함은 바람직한 것이다. 그것은 오늘날 우리들의 세상 속에서는 특히 더욱 바람직한 의미를 갖는다고 하겠다.

오늘 우리는 어떤 세상 속을 사는가? 우리의 의식 속을 슬쩍 들여다 보고, 우리가 사는 세상의 한 모퉁이를 흘깃 넘겨다 보는 것만으로도 우리는 우리가 사는 세상의 진면목을 확인할 수 있다. 보라! 지금 우리는 어떤 세상 속을 사는가? 우리는 문명의 세상 속을 사는가? 우리는 문명 된 사람이고, 우리의 생각과 행동은 인간의 위엄을 보여주는가? 그것에 대한 우리의 답변은 아마도 우리가 만들어가려는 세상이 어떤 것이냐에 따라서 다르게 주어질 것이다. 우리가 이상을 겨냥하고 있다면, 현실은 언제나 어느 만큼 불만족스러운 것으로 우리에게 보여질 것이다.

'절실하게 생각하기'는 이상을 겨냥하는 의식을 갖추고 지금의 현실을 고민하는 것을 의미한다. 이것은 중요한 문제이지만, 그것으로 충분하다고 할 수 만은 없다. 이것 역시 약점을 가지고 있는 것이다. 이것이 가질 수 있는 약점은 그 이상과 진리가 우리를 속일 수도 있다는 점이다. '비판적으로 사고하기'는 이러한 약점을 어느정도 극복할 수 있도록 도 와줄 수 있다.

'비판적으로 사고하기'는 모든 것을 의심하여서 거짓의 가능성을 최소화하는 것이다. 우리가 받아들인 진리와 이상 역시 '비판적으로 사고하기'에 의해 검증을 받아야 할 것이다. 그리하여 참이라고 인정될 수 있는 의견을 가질 수 있어야만 우리의 의견은 우리를 진실된 세상으로 견인해 나갈 수 있는 힘을 갖게 될 것이다.

그런데 인간의 생각하기 능력은 절대적인 것이 아니다. 한 사람의 인간은 그 의식이 편향될 수 있다. 그러한 편향성은 다른 사람의 의식을 보완할 수 있을 때 수정될 기회를 갖게 된다. 많은 사람의 의식을 점검해 보면 볼 수록 한 사람의 의식이 갖게 되는 편향성은 극복될 수 있게 된다.

그러므로 우리는 어떤 의견을 만들어 갖기 전에 다른 사람의 의견을 폭넓게 살펴보는 과정을 거치는 것이 좋다. 그것은 다른 사람들을 광범하게 만나 직접 의견을 청취하는 방법을 택할 수도 있고, 다양한 자료를 섭렵하여 그 의견들을 추출하는 방법을 택할 수도 있을 것이다. 이러한 과정을 통하여 우리는 다양한 의견을 담고 있는 자료를 폭넓게 수집할 수 있을 것이다. 그런데 그러한 자료의 다양성은 어쩌면 우리를 자료의 숲에 빠져 헤어나지 못하게 할 수 있다. 따라서 다양한 자료들을 체계적으로 이해하고자 하는 노력 역시 수반되지 않으면 안될 것이다.

이런 의견과 자료들은 우리의 '절실하게 생각하기'나 '비판적으로 생각하기'의 자료로 쓰여져야 한다. 그리하여 우리가 확보한 자료와 우리가 생각한 것들을 종합적으로 정리하여 우리는 하나의 의견을 만들어내야 할 것이다.

우리가 갖게 되는 의견은 사안에 따라서 다양한 모습을 갖출 수 밖에 없다. 우리에게 주어지는 생각의 주제는 자잘한 일상적인 문제로 부터 중대한 인생의 지표에 이르기까지 무수히 많을 것이다. 그것들은 일의 규모가 크고 작은 차이가 있을 뿐이지 그 가치와 의미에 있어서 질적인 차이가 있는 것은 아니다. 우리가 오늘 갖게 되는 사소한 문제에 대해서도 우리가 총력을 기울여서 좋은 의견을 만들어 갖기 위한 노력을 다 하여야 하는 것은, 지금 우리의 이러한 사소한 선택을 통하여 우리의 진리와 이상이 구체화되는 것이기 때문이다.

그러므로 우리의 모든 의견들은 무엇보다도 그 속에 적어도 다음의 세 가지 요건은 항상 갖추어져 있어야 한다. 바름, 절실성, 적절성이 그것이다. 우리는 항상 자신의 의견을 앞에 놓고 자문하여 보아야만 한다. 나의 이 의견은 바른가? 나의 이 의견은 진리와 이상을 구현하고자 하는 나의 목적을 절실하게 반영하고 있는 것인가? 나의 이 의견은 지금 이 순간에 해야만 하는 일을 적절하게 수행할 수 있게 하는 것인가?

공부 3) **생각하기**

주제 : **나는 어떤 세상을 꿈꾸는가?**

① 각자의 이상 말해보기
② 각자의 이상을 실현할 방법을 말해보기
③ 각자의 이상을 실현하기 위해 내가 지금 무슨 일을 어떻게 하고 있는가 말해 보기

추리의 방법

1 토론과 사고력

　　토론은 생각을 소통하는 것이다. 토론은 언제나 상대를 가질 수 밖에 없는 것이다. 그런데 토론의 상대가 있다는 것은 이차적으로 고려해야 하는 조건에 지나지 않는다. 일차적으로는 상대가 있기 때문에 더욱 나의 생각이 투명하고 정확해야 한다는 점이 말하여지지 않을 수 없다. 내가 나의 생각을 이해함에 있어서는 논리가 명확하지 않더라도 문제가 되지 않는다. 그러나 상대에게 나의 생각을 이해시키기 위해서는 내 생각이 더욱 투명하고 명료하지 않으면 안 된다. 그러므로 내가 얼마나 정확하게 사고하고 얼마나 명확하게 표현하느냐 하는 점은 토론에 있어서도 무엇보다도 중요한 문제가 아닐 수 없다.

　　인간의 정신은 사고하는 능력을 갖추고 있다. 그러나 모두가 사고력을 갖고 있다고 해서 모두가 다 잘 생각할 수 있는 것은 아니다. 사고력 역시 다른 모든 인간의 능력과 마찬가지로 관심을 갖고 훈련을 하지 않으면 익숙하게 사용할 수 있는 도구가 아닌 것이다.

　　아래 그림은 이황의 <성학십도> 중 여덟 번째 그림이다. 이 그림을 통해 확인할 수 있듯이, 인간의 사고하는 능력은 전통적으로 동양에

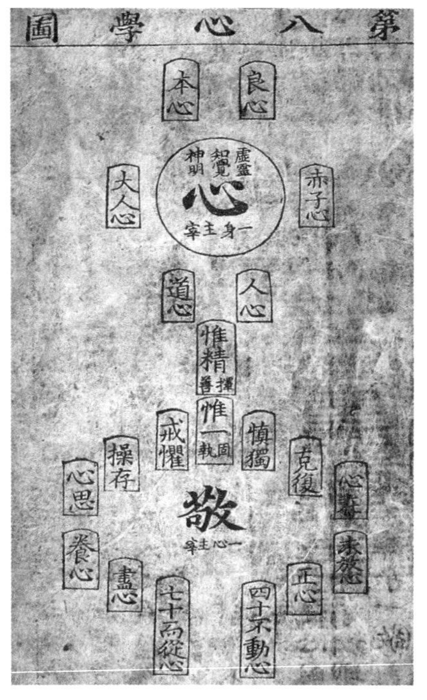

서는 마음의 소관이라고 받아들여져 왔었다. 마음은 '허령', '지각', '신명'의 능력을 갖는다는 것이다. 이 셋은 서로 중첩되어 있는 개념이다. '허령'하다는 것은 마음이 기능적인 것임을 의미한다. 그것은 텅 비어 있는 것이나 영묘하게 작동할 수 있는 능력이라는 것이다. '지각'이라는 것은 마음이 대상을 지각하여 경험적 정보를 생산할 수 있는 능력을 갖추고 있다는 것을 의미한다. '신명'하다는 것은 마음이 오묘한 이치를 분별할 수 있는 신령한 작용을 한다는 점을 의미한다. 결국 마음은 인간의 모든 정신활동을 주관하는 기관이라는 이야기라고 하겠다.

이렇게 전통적으로 동양에서는 생각하는 기능을 심장이 수행하는 것이라고 말하여 왔다. 이것은 심장이 인간의 장부 중 생명활동을 주관하는 결정적인 기관이며, 혈맥을 전신으로 뻗어 일신을 통괄하고 있으며, 인간의 정신능력은 그만큼 결정적인 의미를 지니는 것이라는 점과 상관되어 있는 문제일 것이다. 이러한 의식은 서머셋 모옴의 ≪인간굴레≫에서 시인이 죽었을 때 '시인의 두뇌는 심장에 있다'고 하며 심장에 모자를 얹어 경의를 표하는 것과 서로 상관되어 있는 문제일 것이다. 피를 토하는 마음으로 생각한다는 의미, 바로 전력을 다한 정신활동을 심장과 연관시켜 이해하는 것이라고 할 수 있을 터이다.

　오늘날 정신활동은 인간의 뇌가 담당하는 사고력으로 설명된다. 그만큼 정신의 의미가 옛날보다는 조금 가벼워진 것이라고 할 수 있을 것이다. 오늘날 인간의 사고활동은 두 종류로 나누어 말하여 진다. 일상적인 의식활동은 아마도 두뇌피질을 중심으로 하는 영역에서 이루어지는 것이라고 하겠다. 무의식적인 감정활동, 이를테면 인간 본성과 연관되어 있는 뿌리깊은 감정은 시상하부 등, 뇌의 오래되고 깊은 곳에 있는 부분에서 주관하는 것이라고 하겠다. 단순하게 말하자면 가벼운 사고작용은 두뇌의 얇은 영역에서 이루어지지만 인간성의 본질과 연결된 결정적인 선택이나 반응은 두뇌의 깊은 곳이 참여하여 나타난다고 말 할 수 있을 것이다.

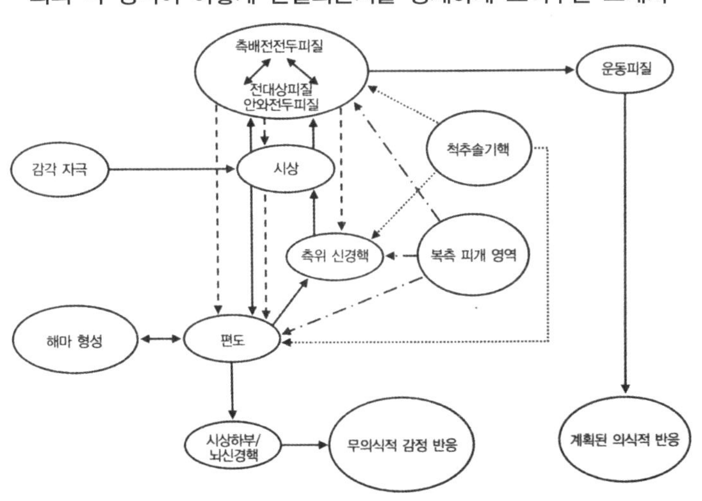

뇌의 각 영역이 어떻게 연결되는지를 상세하게 보여주는 스케치

바바라 오클리저, 이종삼 옮김, ≪나쁜유전자≫ 살림출판사, 2008년.

　　사고력이란 추리할 수 있는 능력이다. 인간이 추리할 수 있는 능력을 갖는다는 것은 인간이 이성적 존재라고 하는 것과 같은 말이다. 인간은 감각, 이성, 지성, 오성 등의 복합적인 능력을 갖는 존재이다. 물론 이러한 하나하나의 능력은 다른 것과 분별되는 독립성을 갖는 것이라고 말 할 수만은 없다. 그러나 그것들 하나하나는 조금씩 다른 의미영역을 갖는다는 것도 부정할 수는 없는 일이다.

　　감각능력이란 감각경험을 할 수 있는 능력을 의미한다. 감각기관을 이용하여 보고, 듣고, 냄새 맡고, 맛보고, 감촉할 수 있는 것은 기본적인 인간능력이라 할 수 있다. 이성능력은 추리하고 판단할 수 있는 능력이다. 감각이 가져다주는 개별 정보들을 묶어 하나의 감각경험으로 완결시킴에 있어서도 이성능력은 개입을 하게 된다. 무엇보다도 이성능력은 수를 다룰 수 있는 능력, 수학을 할 수 있는 능력으로 대표된다. 지성능력이란 공부와 학습을 통하여 보다 세련된 인격을 갖출 수 있는 능력을 의미한다. 문화와 문명은 지성능력의 소산이다. 그것은 태어난 그대로의 인간으로부터 비롯되는 것이 아니라 역사 속에서 훈련되고 양성된 인격으로 부터 출현하는 것이다. 오성능력은 이성능력과 구분하기가 다른 무엇보다도 어려운 것인데, 아마도 직관적 깨달음에 이를 수 있는 능력이라고 한다면 나름대로 분별되는 영역을 갖출 수 있을 것이다. 특히 선불교 같은 곳에서 깨달음이란 학습, 분별, 이성, 지성 어떤 것으로도 설명되기 어려운 것이다. 그것은 어둠 속의 빛줄기 처럼 갑자기 인간성의 저 깊은 곳으로 부터 찬연하게 떠오르는 것이다.

　　지각, 이성, 지성, 오성 등의 능력은 인간의 사고력과 연관하여 말하여질 수 있는 개념들이다. 인간은 이런 능력을 통해 경험하고, 반응하고,

학습하고, 사고하게 된다. 이런 것들이 원활하게 기능할 때 우리는 적합한 의견을 가질 수 있게 된다. 반대로 이런 것들이 제대로의 기능을 수행하지 못할 때에는 우리의 의견이 적합한 것으로 주어질 수 없게 된다. 그러므로 우리는 우리의 사고력을 제고시키는 훈련을 해야 하는 것이다. 토론에 있어서는 즉각적으로 주어지는 상대방의 의견에 반응해 가면서 자신의 의견을 조율해야 하기 때문에 우리 사고력의 원활한 기능은 보다 더 필요한 것이다.

② 사고, 추리, 추론

사고한다는 것은 생각한다는 것이다. 생각은 여러 가지로 말하여질 수 있다. 그것은 아마도 기억하기, 추리하기, 연상하기, 상상하기, 통찰하기 등으로 설명될 수 있을 것이다.

　　통찰하기는 인간의 사고능력이 하나로 결집되어 마치 백열등이 빛을 발하듯 직관적으로 나타나는 것이므로, 우리가 통제하거나 훈련할 수 있는 것이 아니라고 말 할 수 밖에 없다. 그러나 그것은 그 능력을 고양시킬 수 있는 결정적인 방법을 우리가 갖고 있지 못하다는 이야기에 불과하다. 물론 선불교 같은 곳에서는 무념무상의 의식상태에 이르면 부지불식 중에 갑자기 오도의 순간이 우리를 찾아들게 된다고 한다. 말로 따라갈 수도 없고 논리로 쫓아갈 수도 없는 오도의 과정을 '돈오'라 할 것이냐, 아니면 '점수'라 할 것이냐 하는 것은 오래된 논쟁거리이다. 그러나 설령 '점수'라고 하더라도, 깨달음에 다가가는 길은 우리의 일상적 사고훈련과는 상관없는 지점에서 문이 열리는 것이라는 점은 부인할 수 없는 일이라고 하겠다.

다윈의 비글호

상상하기는 인간의 사고능력이 가장 자유롭게 활동하는 부분이다. 이 부분에서 생각은 일견 어떤 구속도 받지 않는 것처럼 보여진다. 그러나 인간의 사고능력은 대부분의 경우 익숙한 길을 타고 움직인다. 정신은 본래 자유로운 것이지만 정신의 활동은 흔적을 남기는 것이다. 그 흔적은 암암리에 정신이 움직이는 길을 만들고, 정신의 자유를 알게 모르게 규율하게 된다. 이를테면 인간의 지상 활동에 익숙한 정신은 감히 인간이 하늘을 난다는 것을 꿈꾸지 못한다. 인간의 문화 속에서 죽음에 대한 설명방식에 익숙한 사람들은 삶과 죽음의 경계에서 그 문화권에서 익숙한 문화적 방식으로 저 세상에 이르는 체험을 한다. 이런 것들은 정신의 자유가 비록 일면으로는 자유로워 보이지만 다른 측면에서는 이미 무의식의 저변에 축적되어 있는 어떤 선체험의 이미지들과 연관되어 작동하는 것임을 알게 한다. 우리는 이렇게 우리가 인식하지 못하는 사이에 익숙하게 동작하고 있는 상상하기의 틀을 인식함으로써 우리의 정신을 보다 넓은 자유의 지평에서 활동하도록 만들어 줄 수 있다. 그러한 무의식적 틀을 넘어서는 것은 천재성의 발현이다. 대부분의 천재들은 그런 무의식적 지평을 넘어서서 그 자유로움의 광휘를 드러내는 업적을 남긴 사람들이다.

연상하기는 생각과 생각을 연결시켜 떠올리고, 이미지와 이미지를 연관시켜 바라보는 방식이다. 이것은 마치 고구마의 뿌리줄기를 끌어당기면 고구마들이 연이어 나타나는 것과 같은 생각하기 방식이다. 시적 이미지들을 구사하는 방식은 이 영상하기의 특성을 무엇보다도 잘 드러내 준다. 이것은 상상하기의 한 양상이라 할 수도 있는데, 상상하기가 보다 더 자유롭다면 연상하기는 조금 더 구속되어 있는 것이라는 차이가 있을 뿐이다. 연상하기는 유사 이미지를 통로로 삼아 생각이 움직이는 것이다. 비가 오는 것을 보고 우산을 떠올리고, 알록달록한 우산들이 움직여 가는 도시의 음울한 골목길을 떠올리고, 골목길 끝에 자리 잡고 있는 파란 대문집을 떠올리고, 그 파란대문 집 안에서 진행되던 어린 시절의 꿈을 떠올리는 것 등은 연상하기의 방식으로 생각이 움직인 것이라고 하겠다.

추리하기는 통찰하기나 상상하기 보다는 연상하기와 연관된다. 연상하기는 주로 이미지의 유사성을 통로로 삼아 일정한 길을 따라가게 마련이지만, 추리하기는 논리를 바탕으로 삼아 상호 연관성을 추구하여 나간다. 추리하기는 추론하기라는 것으로 표현되기도 한다. 어떤 사람은 이 두 가지를 추리란 논리적인 상호관계를 추측하여 보는 것이고 추론이란 그런 것을 문장으로 표현한 것이라고 구분하기도 하지만, 이러한 구분은 그리 적절한 것 같이 생각되지는 않는다. 그러므로 나는 추론과 추리를 굳이 분별할 필요성을 느끼지는 않는다. 논리적 상호관계는 전제가 되고 결론이 되는 논리적 인과성을 바탕으로 한다. 이러한 인과성들을 모아서 당연한 최종적 결론을 찾아나가는 것이 추리하기, 또는 추론하기이다.

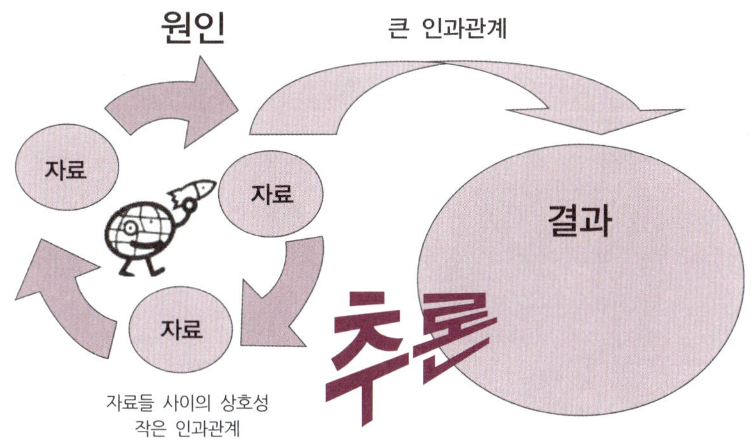

사고하기는 모든 형태의 생각하기를 다 포함한다. 인간의 사고능력은 다양한 방향으로 진화하였다. 그러한 사고능력을 사용하여 만들어낸 사고행위의 결과물은 어떤 방식으로든 머리 속에 남는다. 이른바 기억하기는 인간의 지적 진화를 가능하게 한 사고능력의 한 양상이다. 기억은 반복 재생이 될 수 있는 것이다. 기억능력은 자료의 양을 늘려주고, 자료의 처리방식을 숙련시켜 준다. 그리하여 역사가 진행되어 나갈수록 지적 생명체로서의 인간의 능력을 진화 발전시켜 나가는 것이다.

③ 사고하는 인간의 역사

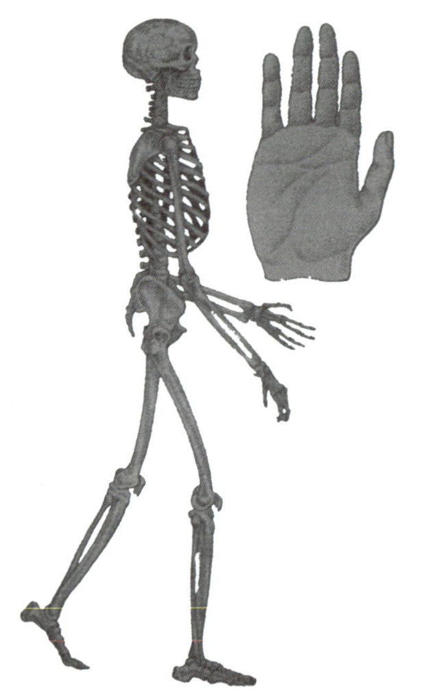

사고하기는 인간의 진화과정을 뒤따라 발전되어 나간다. 인간의 종적 특징을 만들어 나가는데 결정적인 역할을 수행하는 것은 직립자세이다. 직립자세는 진화론적 측면에서 원숭이 종의 하나였던 인간이 나무에서 내려와서 선택한 삶의 방식이라 하겠는데, 그러한 선택으로부터 인간은 일차적으로 손의 자유를 얻었고, 이차적으로 두뇌용량을 확장할 수 있는 뼈의 구조를 얻었다. 전자는 인간이 본격적으로 도구를 사용하는 문화 속으로 걸어 들어갈 수 있는 조건을 만들어 주었으며, 후자는 인간을 지적 생물로 자리매김 할 수 있도록 이끌어 갔다. 인간의 사고하는 기능은 두뇌의 용량이 신장하는 것과 직접적으로 연관되어 있다. 두뇌용량의 크기는 사고력의 정도를 결정하는 것이기 때문이다.

인간의 사고능력은 장기간의 세월을 두고 점진적으로 발전되어 나온다. 도구사적 측면에서 볼 때, 구석기 시대로부터 신석기 시대로 전환되는 것은 사고력의 혁명적인 진화를 확인시켜 준다. 구석기는 자연을 단순 이용하는 방식이라고 하면 신석기는 쓰임새를 염두에 두고 자연을 전폭적으로 개량하는 것이기 때문이다. 이른바 디자인 개념이 본격적으로 움직이는 것을 우리는 신석기로부터 보게 되는 것이다. 아래의 구석기는 돌의 굳음도, 돌의 날카로움도 자연 속에 있는 것이며, 그것을 이용할 수 있도록 최소한의 인공을 가하였을 따름이다. 그러나 아래의 빗살무늬 토기는 그릇의 모양도, 그릇의 굳기도 흙 속에 있는 것이 아니다.

이것은 인간이 그 목적을 염두에 두고 자연물에 새로운 임무를 부여한 결과물이다. 이 투박한 한 점의 토기 속에서 우리는 디자인 개념과 설계능력, 기술능력, 예술적 장식능력 등이 한꺼번에 움직이고 있는 것을 보게 된다. 흙 속에서 그릇을 떠올리는 것은 놀라운 지적 능력이 개입하지 않으면 생각하기 어려운 것이고, 그것을 실체화 할 수 있는 기술을 생각해 내는 능력 또한 쉽게 얻을 수 있는 것이 아니다. 신석기 시대의 이 놀라운 지적 환경의 변모는 인간이 본격적으로 문화와 문명을 만들어 나가는 지적 생명체의 역사 속으로 진입하고 있음을 증명하여 준다.

신석기 시대에 이르러 물질문명의 본격적인 발전은 그 배후에서 움직이는 정신능력의 혁명적 변화를 알려 준다. 그런데 기술과 문명의 발

달은 필연적으로 그것을 축적하고 혁신시켜 나가는 데 필요한 또 다른 지적 도구를 요청하게 마련이다. 그것은 문자의 출현이다.

문자의 출현은 지식이 표현될 필요가 있을 정도로 발달되었음을 알려준다. 개념을 취급할 수 있을 정도로 인간의 지식행위가 숙련된 것이 문자의 출현을 요청하였다고 하겠다. 양의 동서를 막론하고 기원전 1000년을 좌우한 시기에 인간의 문명은 체계적인 지식의 도구를 출현시키기는 데까지 나아간다. 문자의 등장과 동행할 수 밖에 없는 피피루스 종이가 기원전 3000년 경에 등장하는 것으로 보면, 문명의 발달을 선도하여 나갔던 지역에서는 문자역할을 하는 상징적인 기호가 기원전 1천년 이전에도 오래도록 쓰여져 내려왔음을 알 수 있다.

어쨌든 문자라는 것은 개념을 중심으로 한다. 개념화란 일반화, 보편화를 의미한다. 구체적인 사례를 모아 하나의 일반성을 발견하는 것은 인간 지성의 고차원적인 영역에서 나타나는 것이고, 그것은 바로 학문을 가능하게 하는 능력이다. 인간의 문자생활은 이런 능력의 소산이며, 또 인간은 그 문자생활을 통하여 이러한 능력을 본격적으로 발달시켜 나왔다고도 할 수 있을 것이다. 학문과 교양이 기원전 5 백년을 좌우한 시기에 나타나기 시작하는 것을 보면, 그 문자생활과 지성의 발달이 긴밀한 연관관계를 갖는다는 점을 인정할 수 밖에 없을 터이다.

개념화, 일반화는 생각을 취급하는 기술을 발달시키게 된다. 생각의 움직임이 이성에 기초하여 일정한 논리성을 갖추고 움직이는 것도 그렇게 하여 발달된 기술 중 하나라고 하겠다.

공부 4) **생각하기**

주제 : **문자는 표현과 어떤 관계인가?**

① 문자가 없이 명료한 표현이 가능한가?
② 문자가 없이 치밀한 논리가 가능한가?
③ 나의 문자생활 수준은 어느 정도인가?
④ 나는 연애편지를 마음 먹은대로 쓸 수 있는가?
⑤ 나는 요즈음 편지나 일기를 써본 적이 있는가?

❹ 세 종류의 추리방식

생각하는 방식은 어떻게 발전하였을까? 생각하는 방식은 같음과 다름을 분별하는 것으로부터 비롯된다. 같음과 다름의 분별을 바탕으로 하는 언어생활은 인류의 역사와 같이 시작된다. 인류는 오랜 언어생활의 역사 뒤에 문자생활의 시기로 들어가고, 문자생활의 시기로 들어가고 나서 얼마 지나지 않아 지식이 폭발하는 시기를 맞게 된다. 이것은 언어생활과 문자생활이 서로 다른 차원에 놓여지는 지식행위의 도구라는 점을 의미한다.

언어생활은 상상하기, 연상하기, 통찰하기에는 부족함이 없는 도구이다. 그러나 그것은 기억하기와 추리하기에는 약점을 갖는다. 기억하기와 추리하기를 위해 필요했던 지적 도구가 문자라고 할 수 있다. 문자의 등장은 개인적인 차원에서 진행되던 기억하기를 집단적인 상황에서 진행될 수 있도록 만들어 주었고, 한 사람의 인생 속에서만 의미를 지니던 기억하기를 역사적인 차원에서 거듭 확장하여 나갈 수 있도록 바꾸어 놓았다. 문자의 등장은 또한 언어생활의 명료성과 치밀성을 이끌어 내는 데에 결정적인 기여를 하였다.

언어생활에 있어서 표현은 이미지와 연상을 중심으로 한다. 문자생활에 있어서 표현은 개념과 논리 쪽으로 중심점을 옮겨간다. 이미지와 연상은 정서적 공감대를 불러 일으키는 것을 목적지로 한다. 그것은 표현과 전달이라는 목표를 두 사람의 서로 다른 주관적 경험을 통해 완성시키고자 한다. 그러므로 표현의 명료성은 크게 문제가 되지 않는다. 그러나 문자생활의 도구로 쓰여지는 개념은 사회적 합의를 전제로 한다. 개념은 사회적 약속으로써 이미 하나의 명료한 의미를 담고 두 사람 사이에 놓여져 있고, 그 개념이 담고 있는 내용을 보다 치밀하게 설명할 수 있는 단어와 문장들도 이미 문화와 역사의 후원을 받으며 풍부하게 만들어져 쓰여지기를 기다리고 있다. 바야흐로 우리는 이미 다양하게 분별되어 있는 의미들을 가려뽑아 자신의 생각과 치밀하게 연결시키고, 표현이 엄밀하게 행하여졌는지를 따져 물을 수 있는 환경 속에 들어서게 되는 것이다. 생각의 미세한 분별까지를 담을 수 있는 표현의 문화가 등장하고, 표현된 생각과 생각 사이에 이성이 개입하여 그 상호관계가 바람직하게 이루어졌는지를 점검할 수 있는 환경이 조성되는 것은 인류의 지식활동의 모습을 근원적으로 혁신시켜 주는 역할을 수행하게 된다. 이제 인류는 생각하기의 논리까지 사유의 대상으로 삼기에 이른 것이다.

인류의 생각하기의 방식, 즉 추리방식은 역사적으로 3종류로 대별된다. 직관적 추리방식, 연역적 추리방식, 귀납적 추리방식이 그것이다. 이 중 직관적 추리방식은 논리적인 것이 아니다. 연역적 추리방식과 귀납적 추리방식은 논리적인 것이다. 직관적 추리방식이 논리적인 것이 아니라는 것은 전제와 결론 사이를 이어주는 관계가 투명하게 드러나 있지 않으며, 반복적으로 재현될 수 없음을 의미한다. 연역적 추리방식과 귀납적 추리방식은 전제와 결론 사이의 논리적 관계가 명료하게 드러나고, 자기 자신이나 또는 다른 사람에 의해서 그 과정이 반복적으로 재현될 수 있다. 그 둘은 논리적 인과관계의 질서를 따라 생각이 움직여 나가는 것이다.

5 연역적 추리방식

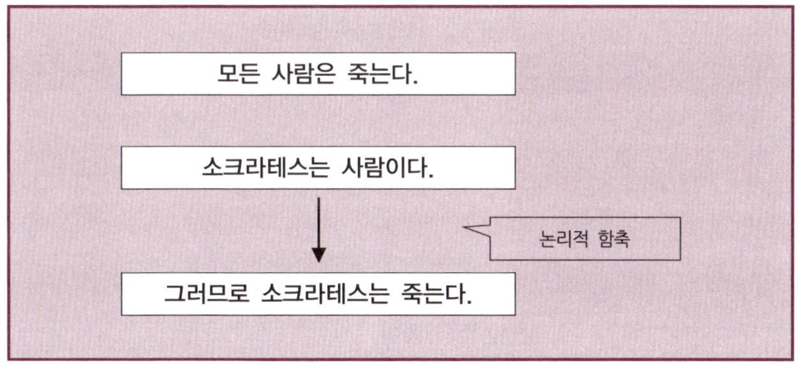

이 추리방식은 역사적으로 가장 먼저 나타난다. 우리는 고전논리학을 완성시켰다고 말하여지는 아리스토텔레스의 이름으로 이 추리방식을 기억한다. 우리는 대부분 논리학 하면 아리스토텔레스를 떠올리고, 아리스토텔레스 논리학 하면 저 유명한 삼단논법을 떠올릴 것이다.

이 표가 아리스토텔레스의 3단논법이다. 3단논법은 세 개의 문장, 그러니까 세 개의 명제로 이루어진 추리형식이다. 명제란 논리학적인 문장을 의미하는데, 간단하게 말하자면 참 또는 거짓으로 판별될 수 있는 내용을 갖추고 있는 문장을 뜻한다. 이를테면 위의 세 문장들은 모두 참 또는 거짓으로 판별될 수 있는 것들이다. 그러므로 이것들은 모두 명제라고 할 수 있다.

두 개의 전제들에서 결론을 추리하는 형식으로 '간접추리'라고 한다.
전제는 두 개 이상, 얼마든지 많아질 수 있으므로, 삼단논법은 간접추리 형식 중에서 가장 기본적인 것이라고 하겠다.

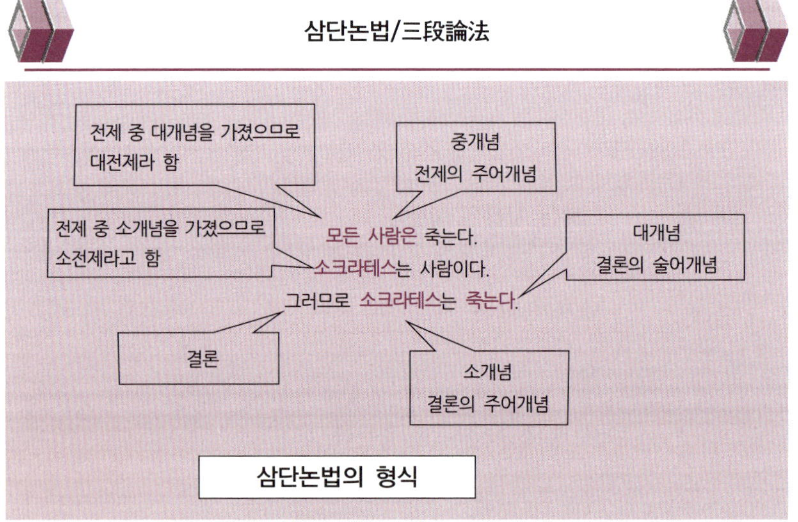

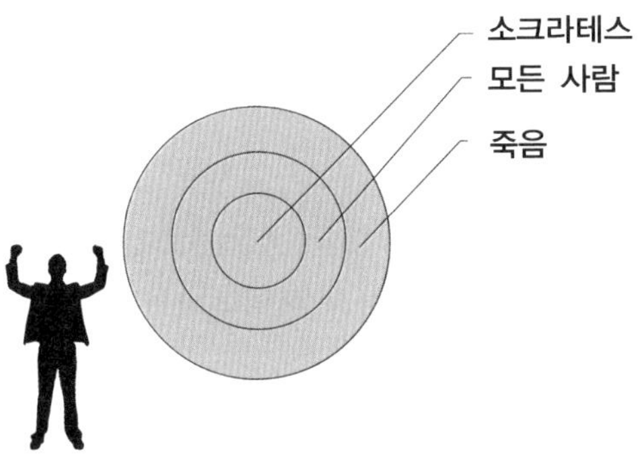

　3단논법에서 '모든 사람은 죽는다'는 것과 '소크라테스는 사람이다'라는 것은 전제가 되고, '그러므로 소크라테스는 죽는다'는 것은 결론이 된다. 3단논법은 두 개의 전제로 부터 결론을 이끌어 내는 추리방식인 것이다. 그런데 결론의 주어는 소개념, 결론의 술어는 대개념이라 하며, 전제 중 대개념을 포함하고 있는 명제는 대전제, 소개념을 포함하고 있는 명제는 소전제라고 한다. 결론의 술어인 대개념은 대전제의 술어로 쓰여져야 한다. 대전제의 주어는 중개념이 된다. 대개념 중개념 소개념이라고 하는 것은 개념의 범주가 어떠하냐 하는 점과 관계가 있다.

　죽음은 가장 넓은 범주에 걸쳐져 있는 것이므로 대개념, 모든 사람은 중간 크기의 범주를 가지고 있으므로 중개념, 소크라테스는 가장 적은 범주이므로 소개념인 것이다. 삼단논법의 이 세 범주들은 위의 경우와 마찬가지의 주술관계로 배치될 때 논리적으로 참인 결과를 이끌어낼 수 있다.

　그런데 삼단논법은 일반적인 내용을 갖추고 있는 대전제로 부터 연역적으로 특수한 결론을 이끌어내는 형식이다. 대전제에 포함되어 있으나 구체화 되어 있지는 않은 사실을 구체화기켜내는 것이다. 위의 삼단논법 형식을 가지고 본다면, 모든사람은 죽는다는 것은 일반적인 정의이다. 이 정의 속에는 만약 소크라테스가 사람이라면, 소크라테스는 죽는다는 내용이 포함되어 있다. 이렇게 그 속에 이미 내포되어 있는 사실을 이끌어내는 것이므로 이 추리방식은 연역추리라고 하고, 전제들로부터 그 속에 깃들어 있는 사실을 이끌어낸다고 해서 이 추리방식은 간접추리 형식이라고 한다.

연역추리는 전제 속에 이미 깃들어 있는 사실을 논리적으로 추출하여 내는 것이므로 그 결론은 필연성을 띄는 확실한 것이다. 따라서 전제가 참이라면 결론도 참이라는 것이 논리적으로 보증된다. 이렇게 연역적 추리의 정당성은 그 논증의 형식에 의존한다. 따라서 아리스토텔레스에 의해서 대표되는 이 논리형식은 형식논리학이라고 불리워진다.

연역추리의 문제점은 전제의 참을 보증할 방법이 없다는 점이다. 위의 삼단논법을 가지고 말해보면, 소크라테스는 죽는다는 결론은 '모든 사람은 죽는다'와 '소크라테스는 사람이다'라는 두 가지 전제에 의해 논리적으로 확실하게 보증되지만, '모든 사람은 죽는다'는 것과 '소크라테스는 죽는다'는 것은 이 논리형식이 보증하여 주지 않는다는 것이다.

⑥ 귀납적 추리방식

　　연역추리는 우리가 이미 알고 있는 사실 속에 내포되어 있는 것을 추출하여 내는 것이다. 따라서 우리는 연역추리를 통해 새로운 사실을 발견하여 낼 수는 없다. 새로운 사실을 발견해 내는 데에는 귀납추리 방식이 사용된다. 귀납추리 방식은 특수한 사실들을 통해 일반적인 법칙을 찾아나가는 것이다. 흔히 이것은 과학적 법칙의 발견에 이용된다. 이를테면 다윈의 진화론은 귀납적 추리방식을 통해 찾아낸 법칙에 바탕을 두고 있는 것이라고 하겠다.

　　다윈 이전에 이미 진화이론에 대한 간략한 개요서를 출간한 적이 있는 매튜는 1860년의 저술에서 다음과 같이 말하였다. 다윈의 ≪종의기원≫이 나온 다음해의 일이다.

　　"내게는 이 자연법칙에 관한 생각이 자명한 사실로서 직관적으로 떠올랐다. 사고를 집중하는 노력 따위는 거의 없었다. 이와 관련해 다윈 씨는 그 발견에서 나보다 더 우수한 것 같다. 내게는 그 과정이 발견처럼 여겨지지 않았다. 그는 천천히 신중하게 귀납적 추론을 통해 사태를 해결한 것 같다."(프랭크 설로웨이 지음, 정병선 옮김, ≪타고난 반항아≫, 사이언스 북스, 2008년, 344쪽.)

　　매튜에게 있어서 진화법칙은 상상력이나 통찰력에 기댄 것이었다. 그것은 발견의 성격을 띄지 않는다. 그러나 다윈은 하나하나의 사실 자료들을 채집하고, 그것들에 바탕하여 진화법칙을 발견하여 낸다.

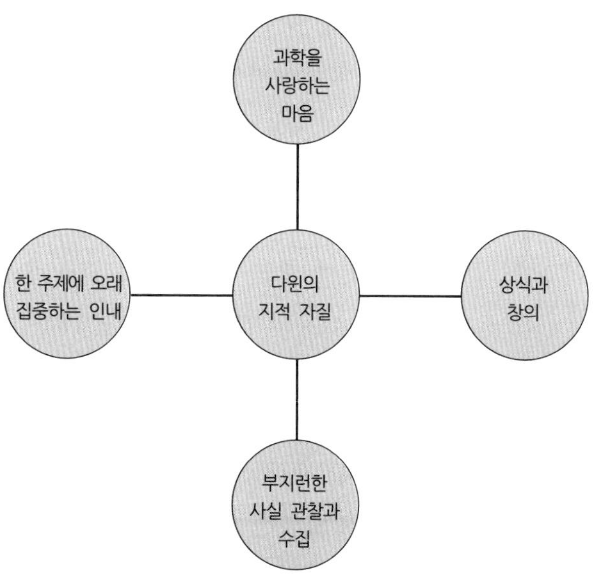

다윈의 진화법칙은 그의 부지런한 사실관찰과 수집의 결과물이다. 그는 갈라파고스제도의 여러 섬들에서 비슷하지만 다양한 특성을 지니는 생물종들이 관찰되는 것에 주목한다. 다윈은 그의 이러한 관찰자료들이 그가 기왕에 가지고 있었던 창조설적 견해를 수정하여 새로운 가설을 갖기를 요청한다고 생각한다. 그리하여 진화설을 주장하기에 이르는 것이다.

사실관찰과 수집을 통한 결론 도출은 귀납추리 방식이다. 귀납추리 방식은 다음과 같이 정형화될 수 있다.

까마귀 a는 검다.

까마귀 b는 검다.

까마귀 c는 검다.

까마귀 d는 검다.

까마귀 e는 검다.

까마귀 f는 검다.

—

까마귀 n는 검다.

그러므로 모든 까마귀는 검다.

귀납추리는 다수의 전제들을 모아 일반적인 결론을 도출하여 내는 것이다. 귀납추리의 전제를 이루는 것들은 하나하나가 관찰을 통해 확인될 수 있는 것들이다. 이를테면 우리는 까마귀 하나하나를 관찰하여 그것의 색깔을 확인할 수 있다. 그러므로 전제를 이루는 사실들은 참과 거짓 여부가 검증될 수 있는 것이다. 이렇게 검증될 수 없는 것들은 귀납추리의 전제에 포함될 수 없다. 그런데 관찰과 검증이라는 것은 한계를 지니는 것일 수밖에 없다. 우리는 현존하는 모든 까마귀들을 하나하나 다 검증할 수는 없다. 그것은 기술적으로 불가능한 일이다. 또한 까마귀라는 개념을 형성하는데 참여하는 구체적인 까마귀들은 우리가 관찰과 검증을 진행시켜 나가는 시간 속에서만 존재하는 생물은 아니다. 그것은 과거에도 존재하였고, 미래에도 존재할 것이다. 우리는 그런 모든 시간 속의 까마귀들을 다 찾아가서 눈으로 보고 그 색깔이 검은지의 여부를 확인할 수 있는 수단을 가지고 있지 못하다.

그러므로 귀납추리는 전제가 되는 관찰사실들의 충분함 여부를 추리하는 사람이 정할 수 밖에 없다. '이 정도면 일반화를 하더라도 별 문제가 없을 것이다' 라는 선택을 할 수 밖에 없는 것인데, 그러한 선택의 정당성 여부는 누구도 보증하지 못한다.

갈라파고스에서 관찰한 사실들은 자연선택 이론을 이끌어내는데 충분하다고 다윈은 생각하였다. 그러나 다윈의 관찰사실을 보고 받은 당시의 다른 학자들에게는 그것은 몇몇 흥미있는 사례에 지나지 않는 것이었다. 다윈이 이끌어낸 결론의 타당성은 자료 자체가 결정하여 준 것이 아니라, 자료에 대한 다윈의 해석이 결정을 하여 준 것이다.

아무리 많은 수의 까마귀들을 관찰하여 그 색깔이 검다는 것을 확인한다 하더라도, 그러한 관찰사실들은 필연적으로 모든 까마귀는 검다는 일반적 사실을 보증하여 주는 것은 아니다. 그러므로 이 논증의 전제를 이루는 개별 까마귀들에 대한 관찰사실들과 그 결론이 되는 정의 사이에는 간격이 있을 수 밖에 없는 것이다. 개별 까마귀들의 색깔은 관찰하고 검증할 수 있는 것이지만, 까마귀 자체는 관찰될 수도 검증될 수도 없다. 개별 까마귀들을 관찰하고 검증한 결과들은 '모든 까마귀는 검다'는 것의 진리성을 필연적으로 보증하여 주는 것이 아니라, 그것이 진리가 될 수 있는 가능성을 열어 줄 뿐이다. 이것은 연역추리에서 전제가 결론의 필연적 진리성을 보장하여 주는 것과는 상황이 다르다. 귀납추리에서는 전제가 결론이 진리가 될 수 있는 개연성을 보증할 따름이다.

　그런데 연역추리에서 '소크라테스는 죽는다'는 결론은 '모든 사람은 죽는다' 속에 이미 포함되어 있는 것으로써, 이 추리형식을 통하여 우리는 기왕에 알고 있던 것 속의 한 부분을 투명하게 확인하는 결과를 이끌어내게 되는 것에 불과하지만, 귀납추리에서 '모든 까마귀는 검다'는 결론은 그 전제를 이루는 개별 까마귀들에 대한 정보를 아무리 모은다고 하더라도 그 속에서는 확인할 수 없는 새로운 발견이다. 귀납추리 형식을 통하여 우리는 새로운 사실의 발견에 도달할 수가 있는 것이다. 따라서 이 추리형식은 과학적 발견을 이끌어내는 데에 적합한 것이라 할 수 있다.

　귀납추리 형식은 통계적 진리성에 의존하는 것이다. 따라서 통계가 갖는 약점을 안고 있는 것일 수 밖에 없다. 통계는 언제나 우연을 필연으로 환원시킬 수 있는 가능성을 갖는다. 우리의 관찰은 필연성에 바탕하여 진행되는 것이 아니다. 우리는 우연히 눈에 띄는 사실에 주목하는 것이고, 그런 사실들을 모아 통계화하는 것이다.

　갈라파고스에서 다윈이 관찰한 사실들은 우연하게 주어진 것들이다. 다윈은 그런 사실들을 모아서 자연선택 이론을 이끌어내었다. 갈라파고스에서는 이런 결론을 이끌어 낼 수 있는 우연한 사실들이 분포적으로 많이 갖추어져 있었다. 그것들을 모아서 다윈은 통계적 귀납을 통하여 생물 종의 자연선택 이론을 제출하였다. 다윈에게는 이러한 통계적 귀납이 정당한 것으로 받아들여졌지만, 다른 이들에게 있어서 그것은 우연을 필연으로 번역해낸 오류일 가능성이 있는 것이 아닐 수 없다.

공부 5) **생각하기**

주제 : **추리연습**

① 연역추리 비판
② 귀납추리 비판
③ 연역추리 형식 구성하여 보기
④ 귀납추리형식 구성하여 보기

03 논리와 오류

1 논리와 명제

좋은 토론을 위해서는 논리적 주장들이 행해져야 한다. 논리적 주장이라고 하는 것은 참과 거짓을 따져 물을 수 있는 명제들로 이루어진 것이다. 주장이 참과 거짓으로 점검될 수 없는 것에 대해서는 논쟁과 비판이 행해질 수 없다. 따라서 토론에서는 논리적인 문장이 사용되는 것이 좋다.

논리학에서 주장, 또는 문장은 명제라는 말로 쓰여진다. 명제란 주어와 술어로 이루어진 문장을 말하는데, 옳고 그름을 말할 수 있는 서술문, 어떤 판단을 담고 있는 표현이다. 감탄문이나 의문문 등은 참과 거짓을 따져 볼 수 있는 문장이 아니다.

> 아! 꽃은 아름답구나!

이 문장은 판단을 담고 있는 것이 아니라 감흥을 내용으로 하는 것이다. 감흥은 주관적 터전을 갖추고 있는 것이므로 참과 거짓을 따져 물을 수 있는 것이 아니다. 예를 들어 우리가 이런 표현을 하고 있는 사람에게 '당신은 왜 꽃이 아름답다고 생각하시요'라고 묻는다면, '내가 그렇게 느끼기 때문이요'라는 답변 밖에는 얻을 수 없을 것이고, 그러한 느낌에 대해서는 무어라 말 할 수 없는 것이다. 그러므로 우리는 이런 감탄문을 가지고서는 시 비를 따져 말할 수 없다. 따라서 감탄문은 옳고 그름을 판단할 수 있는 논리적 문장이라 하지 않는 것이다.

의문문으로 이루어진 문장 역시 마찬가지이다.

이 꽃이 아름답습니까?

이러한 의문문 역시 판단을 담고 있는 것이 아니라, 의견을 묻고 있을 따름이고, 이러한 질문은 시비판별의 대상이 될 수 없다.

따라서 참과 거짓을 따져 물을 수 있는 표현은 서술문의 구조를 갖춘 것 뿐이다.

a는 b이다.

이것은 서술문의 가장 단순한 형식이다. 이러한 표현은 보다 정확하게 말하자면 '나는 a는 b라고 판단한다'라고 할 수 있다. 비로소 우리는 이 판단에 대해서 옳다 그르다를 이야기 할 수 있는 환경을 갖게 된 것이다. 국어학적인 측면에서 본다면 이것은 서술문의 구조를 갖추고 있는 문장이지만, 논리학적인 측면에서 본다면 이것은 어떤 사람의 판단을 담고 있는 명제가 되는 것이다.

2 세 종류의 명제

논리학에서는 명제를 세 종류로 나누어서 설명한다. 정언명제(定言命題 ; Categorical proposition), 가언명제(假言命題 ; Hypothetical proposition), 선언명제(選言命題 ; Disjunctive proposition) 등이 그것이다.

논리학에서 가장 기본적으로 취급하는 것은 정언명제이다. 가언명제는 정언명제에 제약을 가하는 것이고, 선언명제 역시 그러하다. 가언명제와 선언명제는 정언명제를 바탕으로 할 때에만 성립될 수 있다. 이것은 가언명제와 선언명제가 정언명제로 바꾸어질 수 있음을 의미한다.

정언명제　구조) a는 b이다.
　　　　　예)　그 사람은 학생이다.

가언명제　구조) a가 b라면, c는 d이다.
　　　　　예)　만약 그 사람이 학생이라면, 가방 속에는 책이 들어 있을 것이다.

선언명제　구조) a는 b이거나, 아니면 c이다.
　　　　　예)　그 사람은 학생이거나, 학생이 아니거나 둘 중 하나이다.

이러한 명제들은 참과 거짓을 판별할 수 있는 판단을 담고 있다. '그 사람은 학생이다'라는 판단에 대해 우리는 참과 거짓을 말할 수 있다.

'만약 그 사람이 학생이라면, 가방 속에는 책이 들어있을 것이다'는 '그 사람은 가방 속에 책을 넣어 가지고 다니는 것으로 보아 학생이다'로 환원될 수 있으며, 역시 참과 거짓으로 나눌 수 있다.

'그 사람은 학생이거나 학생이 아니거나 둘 중 하나이다'라는 것은 '그 사람은 학생이다'와 '그 사람은 학생이 아니다'로 환원될 수 있는데, 각각 하나가 참이면 다른 하나는 거짓이 된다. 이런 선언명제에 있어서는 선택지로 제시되는 두 개의 개념이 서로 반대되면서 합하여 전체가 되는 것이어야 한다.

③ 정언명제의 네 종류

가언명제나 선언명제는 정언명제로 환원될 수 있다. 논리학의 명제는 대부분 정언명제이거나 정언명제로 환원될 수 있는 것들이다. 정언명제는 다음의 표와 같이 네 종류로 나뉘어진다.

정언명제의 종류

예) 모든 S는 P이다.(전칭이면서 긍정인 정언명제)
　　모든 S는 P가 아니다.(전칭이면서 부정인 정언명제)
　　약간의 S는 P이다.(특칭이면서 긍정인 정언명제)
　　약간의 S는 P가 아니다.(특칭이면서 부정인 정언명제)

전칭과 특칭은 주어가 개념이 내포하고 있는 것 전부를 대상으로 하느냐 부분을 대상으로 하느냐의 문제이다. 전체가 주어를 담당하고 있을 경우, 즉 '모든 사람은 아름답다'고 할 때의 '모든 사람'은 '사람'이라는 개념 전체를 주어로 하므로 전칭명제가 된다. 부분이 주어를 담당하고 있을 때, 즉 '어떤 사람은 아름답다'고 할 때의 '어떤 사람'은 '사람'이라는 개념의 일부를 주어로 하므로 특칭명제가 된다.

긍정과 부정은 술어가 어떤 내용을 갖추느냐의 문제이다. 술어가 긍정의 형식을 띨 때, 즉 '모든 사람은 아름답다'고 할 때의 '아름답다'는 것은 긍정의 형식이므로 긍정명제가 된다. 술어가 부정의 형식을 띨 때, 즉 '어떤 사람은 아름답지 않다'고 할 때의 '아름답지 않다'는 것은 부정의 형식이므로 부정명제가 된다.

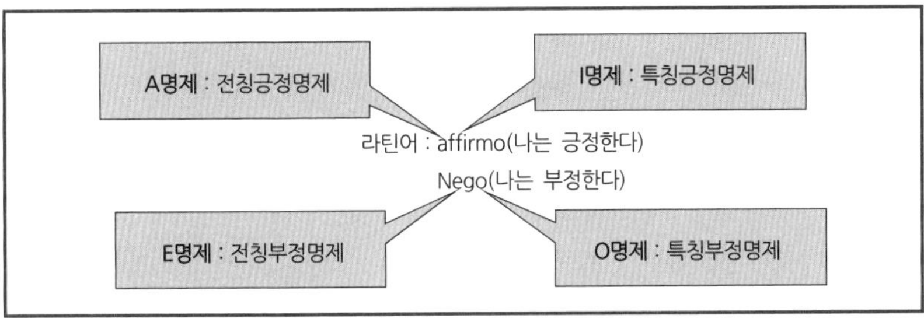

예외) 주개념의 외연이 양적으로 구분될 수 없을때 :
주어가 단수일 때에는 명제가 전칭과 특칭으로 구분될 수 없다.
이경우에는 단칭긍정명제와 단칭부정명제 만이 말해질 수 있다.

- 이황은 〈성학십도〉의 저자이다.(단칭긍정명제)
- 이황은 〈결몽요결〉의 저자가 아니다.(단칭부정명제)

정확하게 말하자면 이것은 주개념의 외연전체에 대한 주장이다.
즉 '이황'은 '모든 이황'과 동일시 될 수 있다. 그러므로 단칭명제는 사실 전칭명제로 보아야 한다.

이렇게 하여 정언명제는 네 종류로 나뉘어진다. 이것은 가언명제나 선언명제의 경우에도 그대로 해당이 된다. 정언명제의 네 종류는 기호논리학에서는 간단한 약어로 표현된다.

공부 6) **생각하기**

주제 : **명제 만들기**

① 가언명제 만들기
② 선언명제 만들기
③ 정언명제 만들기
  - 전칭긍정명제 만들기
  - 전칭부정명제 만들기
  - 특칭긍정명제 만들기
  - 특칭부정명제 만들기

4 외연과 내포, 주연과 부주연

명제의 참과 거짓을 판별함에 있어서는 명제를 구성하는 개념의 내포나 외연에 대한 이해가 필요하다. 개념의 외연을 주어로 삼고 있는 명제는 전칭명제이다. 특칭명제는 개념의 외연 전체를 주어로 삼고 있는 것이 아니라 그 부분을 주어로 하는 것이다.

개념의 외연 전체를 지칭하는 경우는 '주연되어 있다'고 하고 개념의 외연 전체를 대상으로 하지 않는 경우는 '부주연되어 있다'고 한다. 이러한 주연 부주연의 관계는 오일러 도식으로 표현될 수 있다. 4종류의 정언명제는 다음과 같이 그 주연과 부주연의 관계가 설명될 수 있다.

오일러 도식 :

오일러(Leonhand Euler : 1707-1783) :

스위스의 수학자. 독일 철학자인 라이프니쯔의 제자이다.

기하학적으로 원을 이용하여 명제의 주개념과 빈개념의 주연 부주연 관계를 표시한 도식을 만들었다.

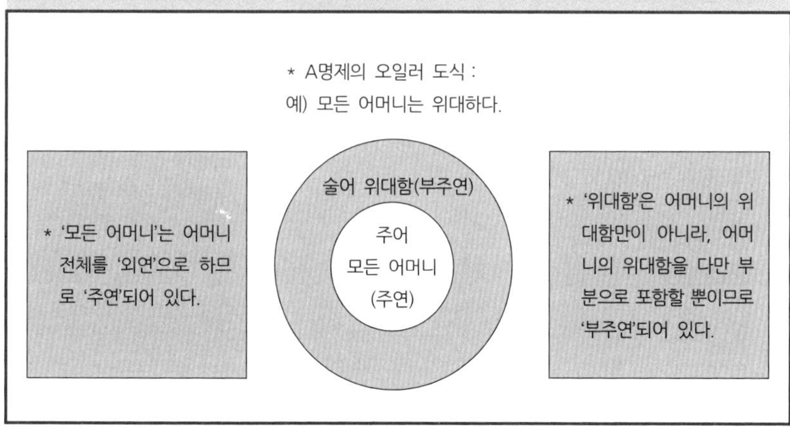

* 주어인 '모든 어머니'는 어머니 전체를 '외연'으로 하므로 '주연'되어 있다.

* E명제의 오일러 도식 :
예) 모든 어머니는 자식을 희생시키지 않는다.

주어/
모든 어머니
주연

술어/
자식을
희생시킴

* E명제는 '주어'의 외연전체와 '술어'의 외연전체가 아무런 관련을 갖지 않는다.

* 술어인 '자식을 희생시키지 않는다'는 '자식을 희생시킴'의 외연 전체에 관해 언급하는 것이므로 '주연'되어 있다.

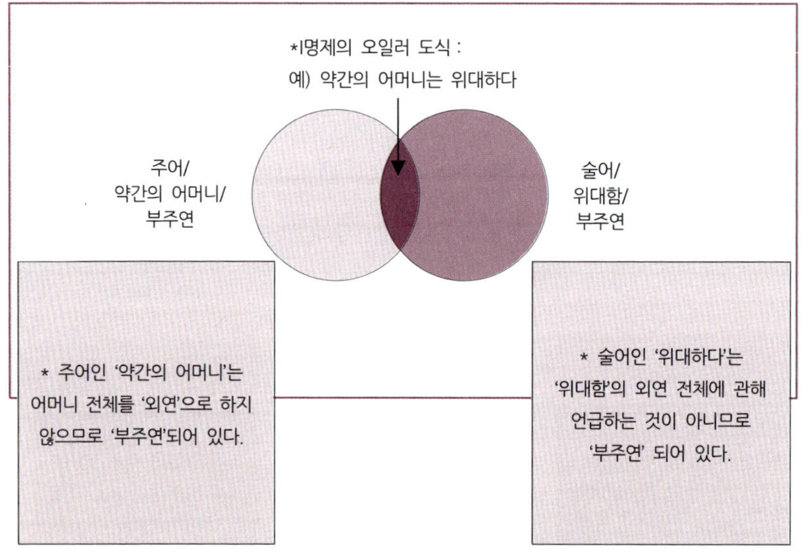

* 주어인 '약간의 어머니'는 어머니 전체를 '외연'으로 하지 않으므로 '부주연'되어 있다.

* 술어인 '위대하다'는 '위대함'의 외연 전체에 관해 언급하는 것이 아니므로 '부주연' 되어 있다.

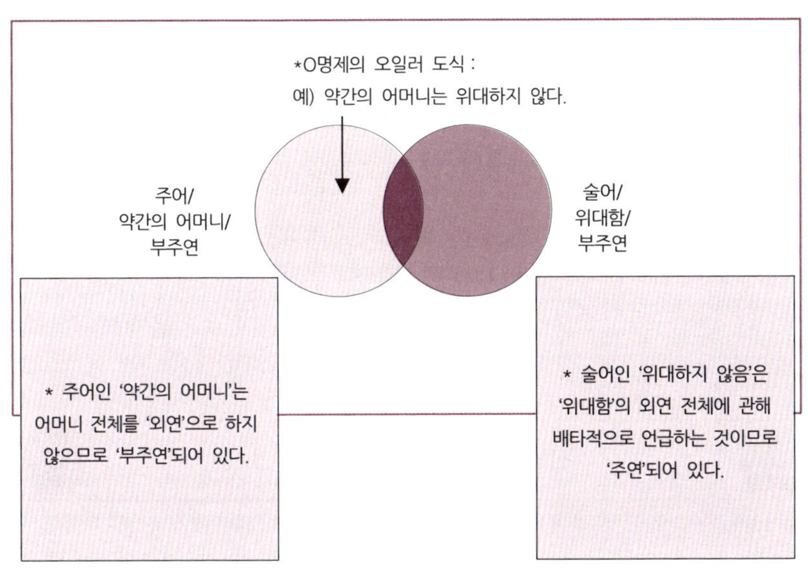

공부 7) **생각하기**

주제 : **외연과 내포, 주연과 부주연 관계 학습**

① 개념의 외연과 내포
② 명제 속에서 개념의 주연 부주연 관계
  - 명제의 오일러 도식 그려보기

❺ 논리와 오류 – 삼단논법의 오류

정당한 삼단논법은 다음과 같은 조건을 충족시켜야 한다.

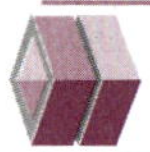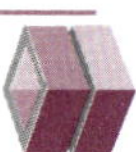

삼단논법의 법칙 – 주연/부주연

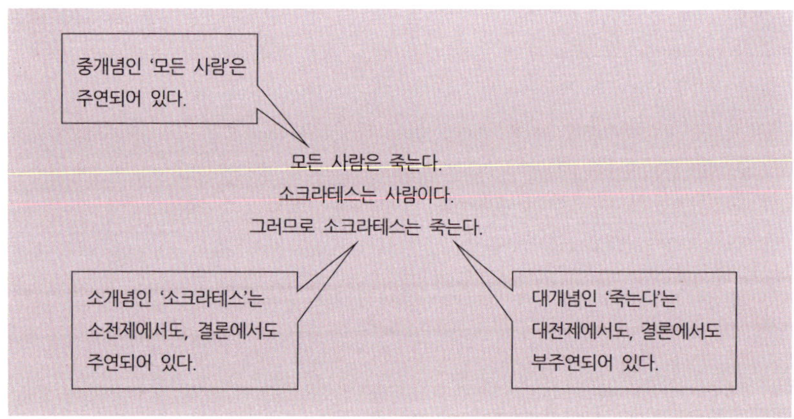

그러므로 이상의 조건을 충족시키지 못하는 것은 오류라고 하겠다.

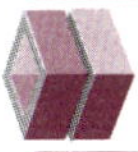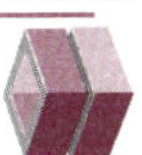

삼단논법의 오류 – 중개념 부주연의 오류

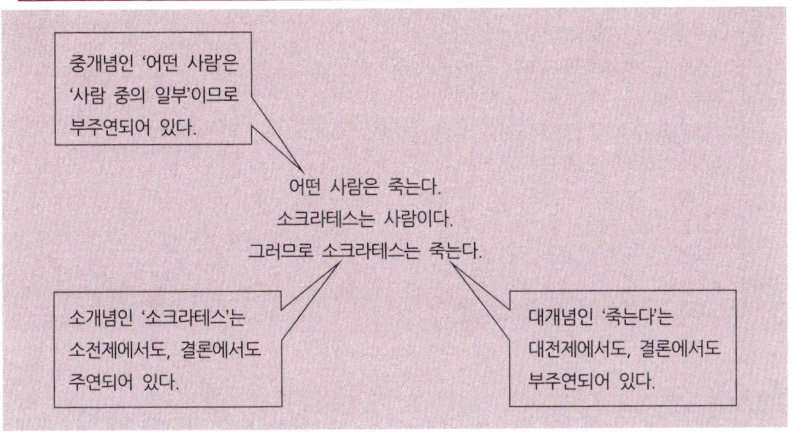

위의 '중개념 부주연'의 오류는 정당한 삼단논법의 경우 중개념은
주연되어 있어야 한다는 대전제를 위반한 것이다. 중개념이 부주연되어
있으면 대전제는 일반성을 지니는 원리가 되지 못하고, 그 속에서 필연
적으로 추출하여 낼 수 있는 구체적인 사실을 명료하게 담고 있지도 못
하다. 따라서 결론을 연역적으로 지지하여 주지 못하게 되는 것이다.

다른 개념들도 정당한 삼단논법에서 살펴볼 수 있는 주연, 부주연의
관계를 갖추지 못하면 결론을 필연적으로 연역하여 낼 수 없게 된다.
그것들은 다음과 같이 설명될 수 있다.

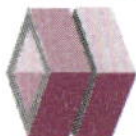 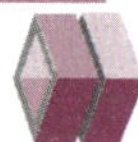

삼단논법의 오류 – 중개념과 소전제의 불상관 오류

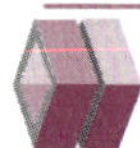 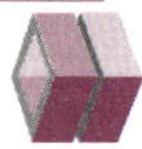

삼단논법의 오류 – 소개념 부당 주연의 오류

소전제가 '소크라테스는 사람이다'이고 '결론이 '그러므로 어떤 소크라테스는 죽는다'라고 한다면
앞의 '소크라테스'는 '주연'되어 있고, 뒤의 '어떤 소크라테스'는 '부주연'되어 있는 것이므로, '주연'과
'부주연'이 일치하지 않는 '대개념 부당주연의 오류이다. 이 추리는 정당한 정보를 생산하지 못한다.

삼단논법의 오류 – 대개념 부당 주연의 오류

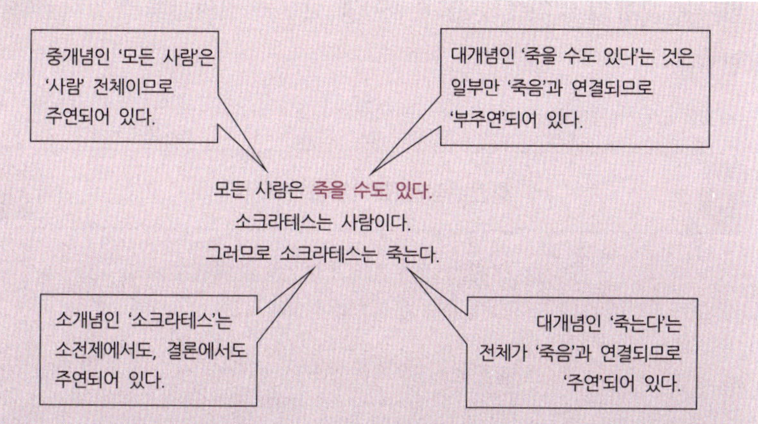

이러한 삼단논법의 오류들은 잘 생각하여 보면 너무나 분명하게 눈에 들어온다. 그러므로 사실 오류라고 특별히 신경써서 찾아내려 노력할 필요도 없는 것들이라고 하겠다.

6 가언명제에 있어서의 오류

위의 삼단논법에서 살펴본 오류가 쉽게 확인될 수 있는 것이라면, 아래에 소개하는 가언명제에 있어서의 두 가지 오류는 너무도 명백하게 드러나는 오류인 것인데도 잘 혼동하게 만드는 것이므로 특별히 주의를 요한다.

후건부정법/전건부정의 오류

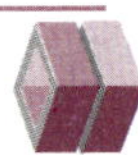

만일 문제가 잘 해결되었다면 그는 일찍 집에 돌아왔을 것이다.
그는 일찍 집에 돌아오지 않았다.

그러므로 그 문제는 잘 해결되지 않았다.
(이것은 후건부정법을 택하고 있는 논증이다. 그러나 전건 부정을 택한다면 이 논증은 오류가 된다.)

만일 문제가 잘 해결되었다면 그는 일찍 집에 돌아왔을 것이다.
문제는 잘 해결되지 않았다.

그러므로 그는 일찍 집에 돌아가지 않았다.
(이 조건문은 '문제가 해결되었다'와 '일찍 집에 돌아왔다'만을 원인과 결과 관계로 직접 연결시켜 놓고 있는 것이다. 그러므로 '그가 일찍 집에 들어오지 않았다'면 적어도 '일이 잘 해결되지 않았다'는 것만은 분명해진다. 그러나 '문제가 잘 해결되지 않았다'고 하는 것이 전제가 될 때 '그가 일찍 집에 들어가지 않는다'는 것을 인과관계를 규정하여 두고 있는 것은 아니다. 그러므로 전건의 부정을 통해 후건의 부정을 추론하여 내는 것은 전건부정의 오류이다.)

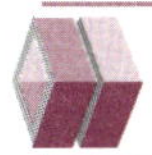 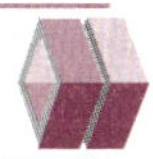

전건긍정법과 후건긍정의 오류

만일 네가 갈증이 난다면 너는 물을 먹을 것이다.
너는 갈증이 난다.

그러므로 너는 물을 먹는다.
(이상은 전건긍정법에 바탕을 둔 논증의 형식이다.)

그러나 후건을 긍정한다면 이 논증은 오류가 된다.

만일 네가 갈증이 난다면, 너는 물을 먹을 것이다.
너는 물을 먹는다.

그러므로 너는 갈증이 난다.
('갈증이 난다'는 것은 대전제가 되는 조건문에 의해 '물을 먹는다'를 그대로 이끌어 낸다. 그러나 이 조건문은 '물을 먹는다'면 반드시 '갈증이 난다'를 이끌어내는 것은 아니다. 이 조건문은 전건이 긍정된다면 후건이 긍정된다는 것을 규정하고 있을 뿐, 후건이 긍전된다면 전건이 긍정된다는 것은 규정하고 있지 않다. 그러므로 후건을 긍정하는 것을 통해 전건을 긍정하게 된다면, 후건 긍정의 오류를 범하게 된다.)

이러한 오류에 빠져들지 않기 위해서는 이른바 가언명제라고 하는 것의 특징을 명백하게 이해하고 있어야만 한다. '만일 a라면 b이다'라는 형식을 띄는 가언명제는 앞부분이 조건을 형성하고 뒷부분이 결과로 나타나는 것이다. 앞부분의 조건이 충족된다는 것이 결정적인 의미를 지니는 것이다. 앞부분의 전제가 충족되지 않는다면 이 명제는 어떤 내용도 지니지 못하게 된다.

7 선언명제에 있어서의 오류

가언명제에서 우리가 쉽게 오류에 빠질 수 있는 것은 그 조건문의 형식이 충족될 때만 명제가 규정하는 내용이 이루어진다는 점을 잊기 때문이다. 이러한 측면은 선언명제의 경우에서도 나타날 수 있다.

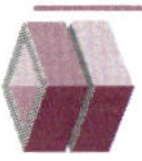

선언지제거법과 선언지 긍정의 오류

그는 미쳤거나, 바보일 것이다.
그는 미치지 않았다.

그러므로 그는 바보이다.
(이것은 두 가지 선언지를 제출하고 그 중 하나를 제거한 후 다른 하나를 결론으로 제출하는 논증이다.)

그러나 이것이 선언지를 긍정하는 방식으로 논증된다면 오류를 드러내게 된다.

그는 미쳤거나, 바보일 것이다.
그는 미쳤다.

그러므로 그는 바보가 아니다.
(이것은 선택지의 어느 한쪽을 긍정함으로써 다른 한 쪽을 부정하는 것이다. 그런데 이 선언지는 의미상 '미쳤다'는 것과 '바보이다'라는 것을 이중적으로 인정하는 것이다. 그러므로 하나를 부정하여 다른 하나를 인정한다면 결과가 긍정이므로 원래의 의미에 부합하지만, 하나를 긍정하여 다른 하나를 부정한다면 원래의 의미와는 달라진다. 그러므로 이것은 선언지 긍정의 오류를 범하게 된다.)

선언명제는 언제나 결론이 선언지 속에 규정된 것들 중 하나이어야만 한다는 전제를 갖는 명제이다. 위의 선언명제를 다시 한번 살펴보자. '그는 미쳤거나, 아니면 바보일 것이다.' 이 문장이 갖는 의미는 '그는 미쳤다'라는 판단과 '그는 바보이다'라는 판단 중 어느 한편은 반드시 참이어야 한다는 것이다. 그 외의 다른 판단은 이 문장 속에 규정되어 있지 않다.

공부 8) **생각하기**

주제 : **논리적 오류 연습**

① 오류를 갖는 삼단논법 만들어 보기
② 삼단논법의 오류 교정하기
③ 오류를 갖는 가언명제의 추리방식과 오류를 갖
   는 선언명제의 추리방식 만들어 보기
④ 위의 오류를 교정하기

04 논리적 추리와 토론

1 토론의 목적

우리는 사회생활을 하면서 토론이 필요한 상황 속에 자주 놓여지게 된다. 현대사회는 복잡하게 변하여 간다. 사회의 개방화 경향도 나날이 강화되어 나간다. 그러한 현대사회의 양상은 토론의 필요성을 점점 강화시켜 나갈 수 밖에 없다.

토론은 문화적인 소통의 방식이다. 그 사회가 어떤 특성을 갖느냐에 따라 소통의 양상은 달라진다. 전제적인 사회 속에서는 명령이 소통을 규정한다. 이런 경우에는 토론은 별로 필요하지 않다. 그러나 개방적인 사회에서는 명령은 오히려 소통을 차단한다. 그러한 차단벽을 뚫는 역할은 토론이 수행할 수 밖에 없다. 인터넷과 디지털이 문화를 선도하여 나가는 현대에 있어서는 강압으로 해결할 수 있는 문제는 점점 사라져가기 때문이다.

그러나 인터넷과 디지털의 문화는 너무 갑작스럽게 우리 주변에 놓여지게 되었다. 개인으로서의 우리는 그런 문화를 향유하고 있으나, 개인으로서의 우리가 포함되어 있는 사회는 이와 같은 문화를 만들어내는 데 기여한 바가 없다. 이것은 개인으로서의 우리가 향유하고 있는 인터넷과 디지털이라고 하는 것이 문화의 모습을 갖추고 있는 것이 아니라 기술로 기능하고 있을 뿐이라는 이야기가 된다.

문화는 역사적, 사회적 관계 속에서 육성되는 것이다. 어떤 사회가 어떤 문화를 제대로 향유하기 위해서는 그 문화를 육성하여 나오는 역사적 과정 속에서 피 흘리고 희생한 것이 있어야 한다. 그리하여 그 문화의 이점이 사회적 이점과 부딪히는 지점에서는 적절하게 포기할 줄 아는 사회적 지혜가 마련되는 것이다. 그렇게 희생할 수 있는 사회적 지반이 마련되어 있지 않은 문화는 집단의 생활 속에서 유통하는 공기로서의 역할을 제대로 수행할 수 없다.

그렇게 개인과 개인이 부딪치는 지점에서, 또는 개인과 집단이, 개인과 역사가 부딪치는 지점에서 주고 받음의 지혜를 생산할 수 있도록 기능하는 것이 토론이다. 토론은 이익을 문화로 환원시키고, 시대를 역사로 자리잡게 하는 윤활유의 역할을 하는 것이다. 토론은 소통을 위해 하는 것이다. 소통은 나와 타자와 서로 부딪치는 지점에서는 이루어지지 않는다. 나와 타자가 서로를 일정하게 희생하고 양보하는 지점에서 소통은 이루어질 수 있다.

토론의 목적이 소통에 있다는 것은 언제나 명료하게 인식되어야 한다. 우리는 너무도 쉽게 이 점을 잊곤 한다. 그리하여 승리하기 위한 토론을 벌이곤 하는 것이다. 나의 승리를 염두에 두고서는 토론이 행해질 수 없다. 그런 자리에서는 논쟁이 있을 뿐이고, 전투가 있을 뿐이다. 논쟁과 전투는 소통의 결과를 생산하지 못한다. 그것들은 영광의 승자도 만들어낼 능력이 없다. 그것들은 다만 피 흘리는 나와 너를 만들어 내는 역할을 수행할 수 있을 따름이다.

　승리를 목적으로 하는 논쟁과 소통을 목적으로 하는 토론은 그 양상이 극명하게 다른 것이다. 승리를 목적으로 하는 논쟁은 나의 이익을 숨겨두고 상대방을 향해 칼을 내민다. 그리하여 결국은 상대방 뿐만 아니라 자기 자신까지도 피를 흘리게 하는 것이다. 소통을 목적으로 하는 토론은 우리의 이익을 위하여 자신의 의견을 마련한다. 그 의견은 상대방을 겨누는 칼이 아니라 상대방을 향해 꽃을 든 손을 내미는 것이다.

　토론의 목적에 대한 인식이 투철하다면, 좋은 토론이 이루어질 수 있는 가능성은 이미 반 이상 확보되어 있는 셈이다. 그것은 어떤 무엇보다 토론하는 사람이 갖추지 않으면 안 되는 소중한 마음가짐인 것이다.

2 논리와 토론

　논리는 토론하는 사람의 것이다. 토론하는 사람을 도와주는 도구가 논리이다. 이것은 두 가지 의미를 지닌다. 우선 우리는 논리가 사람을 위해 쓰여져야 하는 것이지 사람이 논리를 위해 쓰여져서는 안된다는 점을 말할 수 있다. 또한 우리는 논리는 사람의 좋은 생각을 이기지 못한다는 점을 말할 수 있을 것이다.

　좋은 논리는 사람이 좋은 생각을 할 수 있도록 돕는다. 그것은 사람을 도울 뿐이지 사람을 뛰어넘을 수는 없다. 그것이 사람을 뛰어넘고 사람 위에 군림하도록 해서도 안 될 일이다. 아무리 좋은 논리라도 사람이 좋은 생각을 하도록 이끌어가지는 못한다. 좋은 생각은 사람 자신이 먼저 갖추고 있어야 한다. 논리는 좋은 생각을 갖추고 있는 사람을 도울 수 있다. 바름과 이상은 사람 자신이 먼저 갖추고 있어야 하는 좋은 생각이다. 논리는 그런 사람의 생각이 투명하게 정리되고, 체계적으로 완성될 수 있도록 도와 줄 수 있다.

토론에 임하는 사람은 무엇보다도 먼저 주제에 대한 의견을 명확하게 만들어 가져야 한다. 주제도 이해하지 못하고, 자신의 생각조차 명료하게 갖추고 있지 못하다면 토론은 시작될 수도 없다. 이것은 토론에 임하는 자가 가져야 하는 기초적인 태도이지만, 사실 이러한 기초적인 요건을 갖추고 전개되는 토론조차 드문 것이 현실이다.

주제에 대한 이해를 갖추고 있고, 자신의 생각도 명료하다면, 성공적인 토론이 될 가능성이 반은 확보된 셈이다. 나머지 반은 귀를 여는데서 결정된다. 귀를 크게 열어 잘 듣는다는 것은 쉬운 일이 아니다. 듣는다는 것은 원래 성인의 품성이다. 공자도 60살에 이르러서야 겨우 '귀에 거슬리는 것이 없는 경지'에 이를 수 있었다. 갑골문의 시대 초기에 '성' 聖이라는 한자는 '귀耳'와 '무릎을 굽힌 사람' 두 가지 그림의 조합으로 이루어져 있었다. 거기에 '입口'이 덧붙여지는 것은 후대의 일이다. 이것은 한자를 처음 만들던 시대의 중국사람들이 '듣는 기능', '듣는 덕성'을

더 중시하였음을 알려주는 증거이다. 잘 듣는다는 것은 상대방에 대해 배려를 한다는 것이다. 이것 역시 토론이 갖추어야 하는 좋은 생각 중의 하나라고 하겠다.

이렇게 좋은 생각들이 두루 갖추어진다면 토론은 논리가 이끌어 갈 수가 있게 된다. 논리란 합리적으로 생각이 움직이는 방식이다. 물은 낮은 곳을 따라 흐르고, 생각은 적절한 질서를 따라 움직인다. 논리란 순리인 것이다.

❚ 전재강

경북 안동 출생
경북대학교 인문대학 국어국문학과 및 동 대학원 석·박사 졸업
현재 안동대 인문대학 국어국문학과 교수

주요논저
『상촌신흠문학연구』
『사대부시조작품론』,
『시조문학의 이념과 풍류』(2008한국학술원 선정 우수학술도서),
『선비문학과 소수서원』
『남명과 한강의 만남』
역서로『서장』,『선요』등

❚ 윤천근

충북 청원 출생
고려대학교 인문대학 철학과 및 동 대학원 석·박사 졸업
현재 안동대 인문대학 동양철학과 교수

주요논저
『퇴계 이황은 어떻게 살았는가』
『퇴계선생과 도산서원』
『노자문목』
『이 땅에서 우리 철학하기』
『남인 예학의 선구 정구』
『실천적 예학자 정경세』
『17세기 조선의 이야기』등

❚ 한경희

경북 안동 출생
안동대학교 인문대학 국어국문학과 및 한국학중앙연구원 석·박사 졸업
현재 안동대 대학교육개발원 초빙교수

주요논저
『한국 현대시의 내면화 경향』
『대구 경북의 지성과 운동 자료집』(공저)
『동아시아와 한국의 근대』(공저) 등

신세대를 위한

발표와 토론

초판 발행 2011년 2월 21일
2쇄 발행 2013년 3월 8일

지은이 전재강 · 윤천근 · 한경희
펴낸이 박찬익
편집장 김려생
책임편집 공혜정

펴낸곳 도서출판 **박이정**
주 소 서울시 동대문구 용두동 129-162
전 화 02)922-1192~3
팩 스 02)928-4683
홈페이지 www.pjbook.com
이메일 pijbook@naver.com
온라인 국민 729-21-0137-159
등 록 1991년 3월 12일 제1-1182호

ISBN   978-89-6292-156-4 (03710)

* 책값은 뒤표지에 있습니다.